JN026888

하나 둘 셋

ハナ トゥル セッ

123! 韓国語

入門～初級

稲川右樹
金玄謹
池成林
田聖実 著

HANA

はじめに

K-POPをはじめ、韓国ドラマや韓国映画などをきっかけに、韓国に対する関心が高まっています。それに伴い、韓国語を始める人の数も年々増えています。韓国語教育に携わる者として、うれしく、ありがたい限りです。

韓国語は日本語と語順や語彙に多くの共通点があるため、日本人にとって最も学びやすい外国語だといわれています。しかし、どんなに学びやすい外国語といっても何の努力もなしに韓国語が上達するわけではありません。

本書は初めて韓国語に触れる方々が、独学でも入門から初級まで着実にステップアップできるように作りました。基本的な文法や表現を、簡潔かつ分かりやすく解説し、会話力を身に付けるための実用的なフレーズも豊富に取り入れています。また、学習した内容を確かなものにするための確認問題や復習ドリルも豊富に準備しました。後述する「この本の使い方」に沿って段階的に学習すればご自身も知らないうちに韓国語学習が楽しくなり、韓国語力も上達できる内容であると確信しています。

一つの言葉を知ることは一つの世界を知ることです。初心者にとって新しい言語を学ぶことは勇気が要るかもしれませんが、その一歩こそが新しい世界への扉を開くことにつながります。本書がたくさんの韓国語学習者の手に触れ、一人でも多くの方が韓国語で話したいことを使える力や理解する力を付け、韓国の人々とつながっていくきっかけになることを心から願っています。

最後に、本書の出版にご協力くださったHANA編集部の松島さんをはじめ、多くの方々に深くお礼を申し上げます。

著者一同

この本の構成

本書は以下の構成になっています。

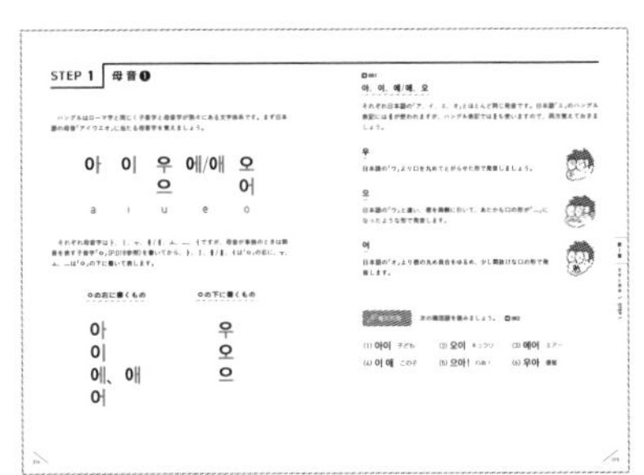
STEP 1 母音❶

아 이 우 에/애 오
으 어
a i u e o

아
이
에、애
어

우
오
으

第1章：文字と発音

韓国語を表すために使われる文字「ハングル」には母音字と子音字があります。それらの文字を覚えていく章です。

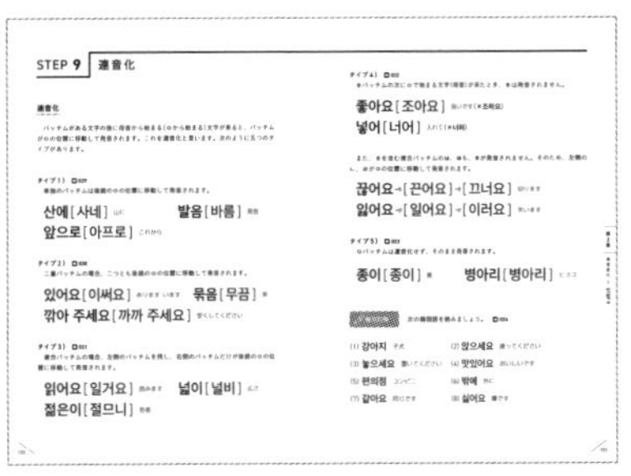
STEP 9 連音化

산에[사네] 발음[바름]
앞으로[아프로]
있어요[이써요] 묶음[무끔]
깎아 주세요[까까 주세요]
읽어요[일거요] 넓이[널비]
젊은이[절므니]
좋아요[조아요]
넣어[너어]
끊어요→[끈어요]→[끄너요]
잃어요→[일어요]→[이러요]
종이[종이] 병아리[병아리]

第2章：発音のルール

韓国語は、隣り合う文字の組み合わせによって、本来その文字が持つ音から別の音に変化する現象があります。これを「発音変化」と呼びます。この章では、発音変化を種類別に説明していきます。

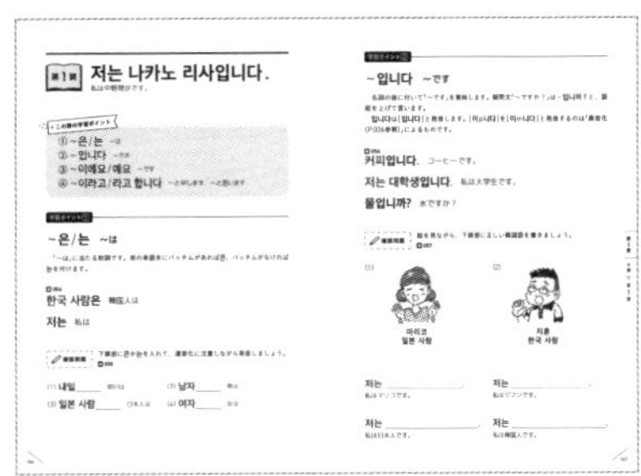
第1課 저는 나카노 리사입니다.

① ~은/는
② ~입니다
③ ~이에요/예요
④ ~이라고/라고 합니다

~은/는 ~は
한국 사람은
저는

~입니다 ~です
커피입니다.
저는 대학생입니다.
물입니까?

第3章：本編

本編では、本格的な韓国語の勉強が始まります。各課には「学習ポイント」が設定されていて、それらの項目をしっかりと学習した上で「対話文」を読んだり話したりと実践的な学習を進めていきます。

巻末付録

巻末には本書に登場した問題の解答と解説を掲載するほか、文法項目のまとめや単語集など、日々の学習に役立つ付録を掲載します。

音声と付録のダウンロードについて

本書の中で、音声マーク🔲があるところは、学習に必要な音声をダウンロードして聞くことができます。また学習に役立つ情報を各種ダウンロード形式の付録として入手することができます。右のQRコード、もしくは小社ウェブサイト（**https://www.hanapress.com/**）のサポートページよりダウンロードしてご利用ください。

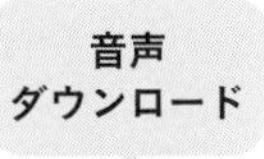

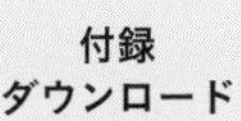

この本の使い方

第1、2章は、内容に従って音声を聞いたり確認問題で理解度を確認したりしながら進めていきます。本編である第3章は、いくつかの要素から構成されています。より理解を深めるために、各要素で求められることや、学習の仕方などをご説明します。

◎本編の構成

学習ポイント

課で学ぶ文法項目を「学習ポイント」として、1課につき2〜4個ピックアップしました。解説を読み、例文を見たりその音声を聞いたりしながら内容の理解を深めます。

例として出ている単語はどれも入門レベルの単語なので覚えましょう。単語は巻末付録の「単語集(P.204)」でも引くことができます。単語の発音などの情報が掲載されているので、見慣れない単語が出てきたら「単語集」で調べるというのが有効です。

各学習ポイントの最後には確認問題が用意してあります。理解度を確かめるために解いてみましょう。また、確認問題の「解答と解説(P.175)」には、必要に応じて、なぜその答えになるのかや、他の解答例なども掲載していますので併せて確認してください。

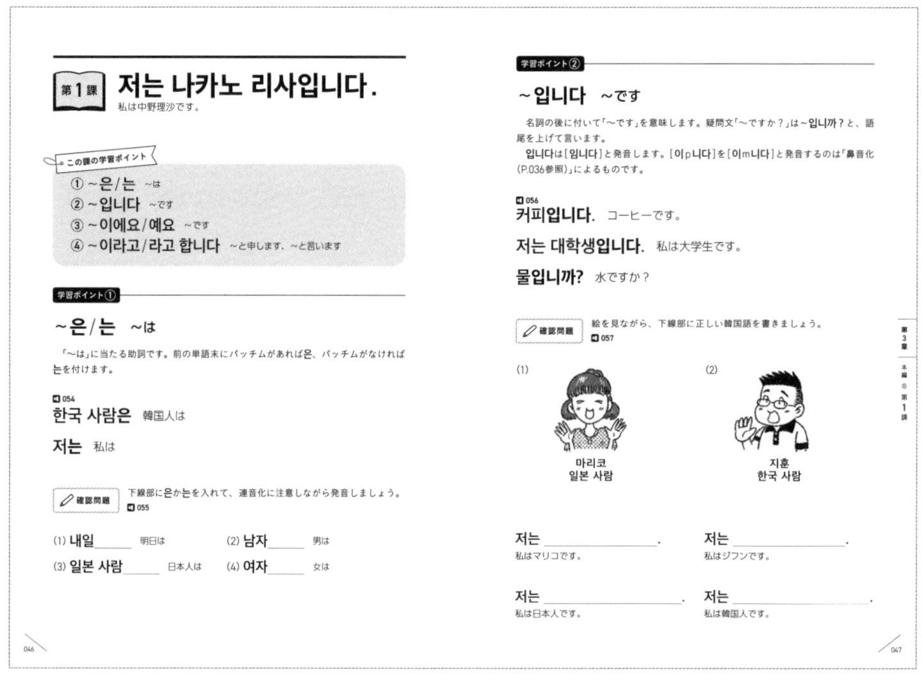

第1課 저는 나카노 리사입니다.
私は中野理沙です。

この課の学習ポイント
① ~은/는 ~は
② ~입니다 ~です
③ ~이에요/예요 ~です
④ ~이라고/라고 합니다 ~と申します、~と言います

学習ポイント①

~은/는 ~は

「~は」に当たる助詞です。前の単語末にパッチムがあれば은、パッチムがなければ는を付けます。

054
한국 사람은 韓国人は
저는 私は

確認問題 下線部に은か는を入れて、連音化に注意しながら発音しましょう。 055

(1) 내일_____ 明日は　(2) 남자_____ 男は
(3) 일본 사람_____ 日本人は　(4) 여자_____ 女は

046

学習ポイント②

~입니다 ~です

名詞の後に付いて「~です」を意味します。疑問文「~ですか?」は~입니까?と、語尾を上げて言います。
입니다は[임니다]と発音します。[이p니다]を[이m니다]と発音するのは「鼻音化(P.036参照)」によるものです。

056
커피입니다. コーヒーです。
저는 대학생입니다. 私は大学生です。
물입니까? 水ですか?

確認問題 絵を見ながら、下線部に正しい韓国語を書きましょう。 057

(1) 마리코 일본 사람　(2) 지훈 한국 사람

저는 __________. 私はマリコです。　저는 __________. 私はジフンです。
저는 __________. 私は日本人です。　저는 __________. 私は韓国人です。

第3章 本編 第1課

047

対話文

「学習ポイント」で学んだ文法項目が使われた対話文です。実際の会話でどのように使われるのかを知ることができます。

隣のページの〈対話文の単語と表現〉をヒントに、どんなことが話されているのか考えてみましょう。対話文の日本語訳はP.170にあります。

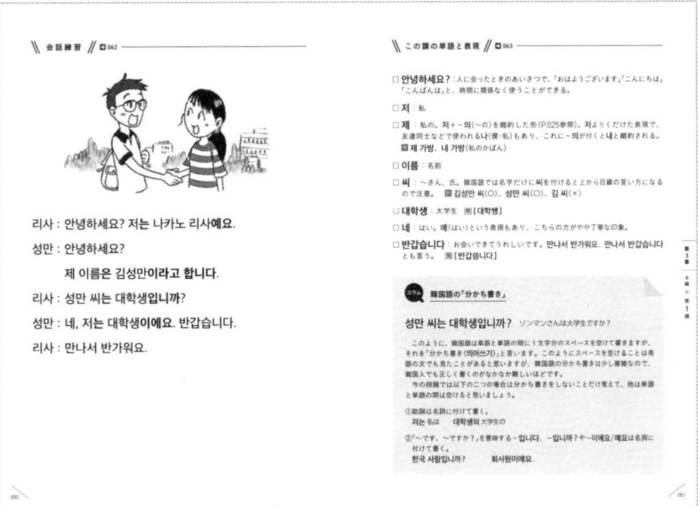

会話練習 063 062

리사 : 안녕하세요? 저는 나카노 리사예요.
성만 : 안녕하세요?
제 이름은 김성만이라고 합니다.
리사 : 성만 씨는 대학생입니까?
성만 : 네, 저는 대학생이에요. 반갑습니다.
리사 : 만나서 반가워요.

この課の単語と表現 063

□ 안녕하세요? : 人に会ったときのあいさつで、「おはようございます」「こんにちは」「こんばんは」と、時間に関係なく使うことができる。
□ 저 : 私
□ 제 : 私の。저＋~의(~の)を縮約した形(P.025参照)。저よりくだけた表現で、友達同士などで使われる나(僕・私)もあり、これに~의が付くと내と縮約される。 例 제 가방、내 가방(私のかばん)
□ 이름 : 名前
□ 씨 : ～さん、氏。韓国語では名字だけに씨を付けると上から目線の言い方になるので注意。 例 김성만 씨(○)、성만 씨(○)、김 씨(×)
□ 대학생 : 大学生 発[대학쌩]
□ 네 : はい。예(はい)という表現もあり、こちらの方がやや丁寧な印象。
□ 반갑습니다 : お会いできてうれしいです。만나서 반가워요、만나서 반갑습니다とも言う。 発[반갑씀니다]

コラム 韓国語の「分かち書き」

성만 씨는 대학생입니까? ソンマンさんは大学生ですか？

このように、韓国語は単語と単語の間に1文字分のスペースを空けて書きますが、それを「分かち書き(띄어쓰기)」と言います。このようにスペースを空けることは英語の文でも見たことがあると思いますが、韓国語の分かち書きは少し複雑なので、韓国人でも正しく書くのがなかなか難しいほどです。

今の段階では以下の二つの場合は分かち書きをしないことだけ覚えて、他は単語と単語の間は空けると思いましょう。

①助詞は名詞に付けて書く。
저는 私は　대학생의 大学生の

②「～です、～ですか？」を意味する~입니다、~입니까？や~이에요/예요は名詞に付けて書く。
한국 사람입니까?　회사원이에요.

第3章 本編 第1課

050 051

プラスα

各課の最後にある「プラスα」は、課で学んだ学習内容の補足や、韓国語を学ぶ上で知っておくと役に立つ知識を紹介しています。より充実した学習のためにも、ぜひ取り組んでみましょう。

プラスα

日常でよく使うあいさつ 064

안녕하세요?
こんにちは

안녕히 주무세요.
おやすみなさい。

안녕히 가세요.
さようなら。(立ち去る人に向かって)

안녕히 계세요.
さようなら。(その場に残る人に向かって)

처음 뵙겠습니다.
初めまして。

만나서 반갑습니다.
会えてうれしいです。

잘 부탁합니다.
よろしくお願いします。

수고하셨습니다.
お疲れさまでした。

저는 하야시 나호입니다.
私は林菜穂です。

잘 먹었습니다.
ごちそうさまでした。

맛있게 드세요.
お召し上がりください。

잘 먹겠습니다.
いただきます。

감사합니다、고마워요.
ありがとうございます。
＊고마워요は감사합니다よりカジュアルな表現です。

천만에요.
どういたしまして。

미안해요.
ごめんなさい。

괜찮아요.
大丈夫です。

第3章 本編 第1課

052 053

復習ドリル

数課ごとに、それまでの学習内容を復習できるドリルを用意しました。学習を進めていくと、前に学んだことをうっかり忘れてしまったり、間違って覚えていたりすることがあるでしょう。復習ドリルを通して記憶を定着させましょう。

復習ドリル① 1～4課で学んだことを確認します。

問題1 次の音声を聞いて韓国語を書き、日本語で意味を言ってみましょう。(聞き取り)

(1) ________ 100
(2) ________ 101
(3) ________ 102
(4) ________ 103
(5) ________ 104

問題2 例のように自己紹介を書いて、実際に話してみましょう。(スピーキング) 105

例) 안녕하세요? 저는 박은주라고 합니다. 한국 사람입니다.
대학생입니다. 반갑습니다.

◎自己紹介

問題3 下線部の韓国語が間違っています。正しく直しましょう。(語彙・文法) 106

(1) 저거 사람은 누구입니까? → ________
あの人は誰ですか？
(2) 오늘은 생일이 아님니다. → ________
今日は誕生日ではありません。
(3) 토마토는 야채에요? 과일이에요? → ________
トマトは野菜ですか？果物ですか？
(4) 김 씨는 간호사입니까? → ________
(김철수さん本人に向かって)キムさんは看護師ですか？

問題4 次の文を読んで、問いに韓国語で答えなさい。(読解、ライティング) 107

여기는 교실입니다. 교실 안에 책상과 의자가 있습니다.
컴퓨터는 없습니다. 컴퓨터는 도서관에 있습니다.
교실 밖에는 화장실이 있습니다.

(1) 여기는 어디예요? → ________
(2) 교실 안에 뭐가 있어요? → ________
(3) 컴퓨터는 어디에 있어요? → ________
(4) 화장실은 어디에 있어요? → ________

問題5 ( )の中に入る正しい助詞を選びましょう。(語彙・文法) 108

(1) 아들 이름은 브라이언(이라고/라고) 해요.
息子の名前はブライアンと言います。
(2) 카레(과/와) 라면이 맛있어요.
カレーとラーメンがおいしいです。
(3) 여기는 식당(가/이) 아닙니다.
ここは食堂ではありません。
(4) 학교(에/의) 도서관이 있어요.
学校に図書館があります。

078 079

目次

目次と共に、本書で学ぶこと、各ステップ・各課の目的を一覧にしました。

第 1 章　文字と発音

第 2 章　発音変化

第 3 章　本編

巻末付録

韓国語とは

韓国語(朝鮮語とも言う)とは、韓国と北朝鮮、そして中国の一部の地域で使われる言語です。ハングルは韓国語を書く際に使われる文字のことです。朝鮮王朝の第4代王である世宗大王が1443年に作り、1446年に「訓民正音」という名前で公布しました。

ハングルが作られる前までは、韓国語を書くための文字がなかったため、読み書きする際は漢文(中国語)を使うのが普通で、両班という支配階級以外の庶民たちは文字の読み書きができませんでした。世宗大王は元々、音韻学に非常に興味を持ち研究を続けていたので、漢字をあがめていた当時の大臣たちの反対を押し切って、誰もが簡単に習得できるようにハングルを創ったといわれています。

ただ、ハングルは創られた当時、支配層の人々はあまり歓迎せず、社会的な地位の低い人や女性が使う言葉だと認識していました。朝鮮王朝時代の終わり頃まではハングルのことを諺文(オンムン)と卑しめた名前で呼んでいましたが、1913年4月にハングル学者である周時経(チュ・シギョン)を中心とした「国語研究学会」が、その名前をハングルに改めました。「ハン」は「大きな、偉大な」という意味で、「グル」は文字を意味するので、つまり「立派な文字」という意味で権威を立てた名前になり、この時からハングルという名前が広く使われ始めました。

韓国語は日本語母語話者にとって最も学びやすい外国語

韓国語は日本語母語話者にとって、他の言語より学びやすいと言えます。英語を習得するのに失敗し、自分は外国語の才能がないと嘆いた人も、韓国語に関しては比較的スムーズに覚えられ、会話もできるようになったという話もよく耳にします。それには理由があります。

その代表的な理由は以下の三つです。

① 日本語と語順や助詞の使い方が似ている

韓国語は、日本語で思いつくまま言葉を置き換えてもそのまま会話が成り立ちます。また、主語に付く「〜は、〜が(~**은**/**는**、~**이**/**가**)」、目的語に付く「〜を(~**을**/**를**)」、「〜に(~**에**)」など、助詞の付き方も似ていてなじみやすいです。さらに、英語のように前置詞があったり、フランス語のように女性や男性名詞があったりすることもないのです。文字(ハングル)を覚える壁さえ乗り越えれば、文法も習得しやすいと言えるでしょう。

② 日本語と同様に漢字語が多い

漢字語というのは「学校(**학교**)」や「美術(**미술**)」など、ハングルをそのまま漢字に置き換えられる単語を指します。日本語と共通する漢字語も多いので、漢字に相当するハングルを覚えてしまえば、例えば韓国語で「会社＝**회사**」だから「社会＝**사회**」、「階段＝**계단**」だから「段階＝**단계**」だなと予想できるようになります。

また、漢字語が多い分、発音が似ている単語も多いです。例えば**준비**(チュンビ／準備)、**무리**(ムリ／無理)、**시사**(シサ／示唆)など。これは古来中国から入ってきた漢字語と日本が西洋文明を受け入れる際に新しく作った漢字語の多くを、韓国でも使っているからです。

③ 共通する文化背景があり、隣国なのでコミュニケーションをとる機会が多い

文化が似ている部分が多いので馴染みやすく、また、韓国は日本から最も近い国なので、実際にコミュニケーションをとる機会を持ちやすいです。

またK-POPやドラマなど韓国語に接する機会も多いでしょう。そんな韓国語を学ぶと得られることがたくさんあります。字幕なしで韓国ドラマを楽しめる、現地に旅行に行って韓国語で買い物ができる、K-POPの歌詞を理解し、コンサートで通訳を待たずにその場の空気を感じることができるなどです。今すぐ韓国語の勉強を始めてみませんか？

第1章

文字と発音

STEP 1 母音❶

ハングルはローマ字と同じく子音字と母音字が別々にある文字体系です。まず日本語の母音「アイウエオ」に当たる母音字を覚えましょう。

아	이	우	에/애	오
		으		어
a	i	u	e	o

それぞれ母音字はㅏ、ㅣ、ㅜ、ㅔ/ㅐ、ㅗ、ㅡ、ㅓですが、母音が単独のときは無音を表す子音字「ㅇ」(P.018参照)を書いてから、ㅏ、ㅣ、ㅔ/ㅐ、ㅓは「ㅇ」の右に、ㅜ、ㅗ、ㅡは「ㅇ」の下に書いて表します。

ㅇの右に書くもの

아
이
에、애
어

ㅇの下に書くもの

우
오
으

001

아、이、에/애、오

それぞれ日本語の「ア、イ、エ、オ」とほとんど同じ発音です。日本語「エ」のハングル表記には ㅔ が使われますが、ハングル表記では ㅐ も使いますので、両方覚えておきましょう。

우

日本語の「ウ」より口を丸めてとがらせた形で発音しましょう。

으

日本語の「ウ」と違い、唇を両側に引いて、あたかも口の形が「ㅡ」になったような形で発音します。

어

日本語の「オ」より唇の丸め具合をゆるめ、少し間抜けな口の形で発音します。

確認問題 次の韓国語を読みましょう。 002

(1) **아이** 子ども　(2) **오이** キュウリ　(3) **에어** エアー

(4) **이 애** この子　(5) **으아!** わあ！　(6) **우아** 優雅

STEP 2 母音❷

STEP 1で覚えた母音字の軸になる長い線に付いている短い横線を１本足すと、「y」の音が加わり、日本語のヤ行の音を表すことができます。日本語は一般的に「ア、イ、ウ、エ、オ」だけが母音として認識されますが、韓国語では「ヤ、ユ、イェ、ヨ」に当たるこれらの文字も母音字として扱います。

003

야、유、예/얘、요

それぞれ日本語の「ヤ、ユ、イェ、ヨ」とほとんど同じ発音です。

여

日本語の「ヨ」より唇の丸め具合をゆるめ、少し間抜けな口の形で発音します。

確認問題 1　次のハングルを読みましょう。 004

(1) 아、아、아、야、야、야

(2) 우、우、우、유、유、유

(3) 에、에、에、예、예、예

(4) 애、애、애、얘、얘、얘

(5) 오、오、오、요、요、요

(6) 어、어、어、여、여、여

確認問題 2　次の韓国語を読みましょう。 005

(1) 야유 ブーイング　(2) 이유 理由　(3) 여아 女児

(4) 예 はい　(5) 아야！ 痛っ！　(6) 얘 この子

STEP 3　子音❶

6個の子音字と、STEP 1、2で覚えた母音字を組み合わせてみましょう。組み合わせる際にはルールがあります。

ㄴ	ㅁ	ㄹ	ㅅ	ㅎ	ㅇ
n	m	r	s	h	無音

縦長の母音字は子音字の右に書く　006

ㄴ	n	+ ㅏ	a	= 나	na：ナ
ㅇ	無音	+ ㅔ	e	= 에	e：エ
ㅅ	s	+ ㅕ	yo	= 셔	syo：ショ

横長の母音字は子音字の下に書く　007

ㅁ	m	+ ㅗ	o	= 모	mo：モ
ㅇ	無音	+ ㅜ	u	= 우	u：ウ
ㅎ	h	+ ㅠ	yu	= 휴	hyu：ヒュ

確認問題 1 次の韓国語を読みましょう。 008

(1) **스스로** 自ら　(2) **메뉴** メニュー　(3) **해** 太陽

(4) **하세요** しなさい　(5) **어머니** 母　(6) **여유** 余裕

(7) **혀** 舌　(8) **이에요** ～です　(9) **머네요** 遠いですね

(10) **며느리** 嫁　(11) **요리** 料理　(12) **쇼** ショー

確認問題 2 次の日本語表記をハングルで書きましょう。

(1) うみ ＿＿＿＿＿＿　(2) やま ＿＿＿＿＿＿

(3) むし ＿＿＿＿＿＿　(4) そら ＿＿＿＿＿＿

(5) まゆみ ＿＿＿＿＿＿　(6) よしえ ＿＿＿＿＿＿

(7) ほしの ＿＿＿＿＿＿　(8) のむら ＿＿＿＿＿＿

(9) しゅり ＿＿＿＿＿＿　(10) なら ＿＿＿＿＿＿

(11) あおもり ＿＿＿＿＿＿　(12) あやせ ＿＿＿＿＿＿

STEP 4 子音❷

このSTEPでは二つの音を持つ子音字を見ていきます。

ㄱ　ㄷ　ㅂ　ㅈ

k, g　t, d　p, b　ch, j

上の４個の子音字は、次のように位置によって２通りの発音を持っています。語頭ではㄱ(k)、ㄷ(t)、ㅂ(p)、ㅈ(ch)、語中ではㄱ(g)、ㄷ(d)、ㅂ(b)、ㅈ(j)と発音します。これを**有声音化**と言います。

009

가수 歌手 ←→ **아가** 赤ちゃん
kasu　aga

자매 姉妹 ←→ **모자** 帽子
chame　moja

! ポイント

- なお、子音字ㅈ(ch, j)と、母音字ㅑ(ya)、ㅛ(yo)を組み合わせた**쟈**、**죠**は、母音字ㅏ(a)、ㅗ(o)と組み合わせた**자**(cha, ja)、**조**(cho, jo)と同じ発音になります。
- 母音字ㅖは、ㅇとㅅ以外の子音字と組み合わさると[ㅔ]の発音になります。なお、本書における[　]内のハングルは、実際の発音を表すものです。
  例)**계**[게]、**례**[레]、**혜**[헤]

確認問題1　次のハングルを読みましょう。 010

(1) 아 / 야、나 / 냐、가 / 갸、마 / 먀

(2) 우 / 유、후 / 휴、루 / 류、누 / 뉴

(3) 오 / 요、도 / 됴、고 / 교、보 / 뵤

(4) 어 / 여、머 / 며、버 / 벼、서 / 셔

確認問題2　語中で濁る子音に注意しながら次の韓国語を読みましょう。 011

(1) 유자　ゆず

(2) 자유　自由

(3) 구기　球技

(4) 기구　器具

(5) 고기　肉

(6) 소고기　牛肉

(7) 바다　海

(8) 바보　ばか

(9) 두부　豆腐

(10) 부두　埠頭（ふとう）

(11) 자주　しょっちゅう

(12) 도자기　陶磁器

(13) 휴지　ちり紙

(14) 교사　教師

(15) 주스　ジュース

(16) 리뷰　レビュー

STEP 5 子音❸

子音には「平音」「激音」「濃音」というグループがあります。

STEP 4で学んだㄱ、ㄷ、ㅂ、ㅈに、STEP 3で学んだㅅを加えたㄱ、ㄷ、ㅂ、ㅅ、ㅈを平音と言います。これら平音に対し、濃音と激音という子音があります。

平音	ㄱ k, g	ㄷ t, d	ㅂ p, b	ㅅ s	ㅈ ch, j
激音	ㅋ k☁	ㅌ t☁	ㅍ p☁		ㅊ ch☁
濃音	ㄲ ッk	ㄸ ッt	ㅃ ッp	ㅆ ッs	ㅉ ッch

＊「k、t、p、ch」の右上にある「☁」は「気息」を意味します。

激音 012

激音を表す子音字は基本的に平音に一画を加えた形で、この一画が「気息」、つまり「空気を出せ」の印です。母音字ㅏを付けて激音を発音してみましょう。

濃音 013

濃音を表す子音字は平音を二つ並べて書きます。喉を強く緊張させ、極力息が出ないようにして発音します。母音字ㅏを付けて発音してみましょう。

까 ッka

따 ッta

빠 ッpa

싸 ッsa

짜 ッcha

確認問題 次の韓国語を読みましょう。 014

(1) **코치** コーチ　(2) **토지** 土地　(3) **파도** 波

(4) **치마** スカート　(5) **카레라이스** カレーライス

(6) **유카타** 浴衣　(7) **도토리** どんぐり　(8) **커피** コーヒー

(9) **고추** 唐辛子　(10) **처가** 妻の実家　(11) **까치** カササギ

(12) **또** また　(13) **뿌리** 根っこ　(14) **싸다** 安い

(15) **짜요** しょっぱいです　(16) **아까** さっき　(17) **그때** その時

(18) **바빠요** 忙しいです　(19) **비싸요** 高いです　(20) **가짜** 偽物

STEP 6 母音❸

STEP 1で覚えた母音字を合体させることで、日本語のワ行の音を表すことができます。これらの文字を合成母音字と言います。

015

와 (ㅗ+ㅏ) wa　워 (ㅜ+ㅓ) wo　위 (ㅜ+ㅣ) wi

確認問題1　次のハングルを読みましょう。 016

(1) 와、화、과、솨、놔、뫄、콰

(2) 워、궈、뭐、훠、뤄、줘、쒀

(3) 위、뒤、귀、뛰、뉘、뷔、뀌

017

왜 (ㅗ+ㅐ) we　웨 (ㅜ+ㅔ) we　외 (ㅗ+ㅣ) we

＊왜、웨、외は三つとも同じ発音ですが、特に외の読み方を間違えないように注意しましょう。

確認問題2　次のハングルを読みましょう。 018

(1) 홰、훼、회

(2) 궤、괴、괘、꾀、쾌

(3) 쇄、쉐、쇠、쐬

(4) 뇌、눼、놰

(5) 좨、줴、죄、쬐、최

(6) 되、뒈、돼、퇴

의 (ㅡ+ㅣ)

ui（i、e）

＊의の発音は以下の３通りあります。

019

1：語頭では[의(ui)]

의미［의미］ 意味　　의자［의자］ 椅子

2：語中やㅇ以外の子音と組み合わさったときは[이(i)]

예의［예이］ 礼儀　　주의［주이］ 注意

희다［히다］ 白い

3：所有や所属を表す助詞「〜の」の意味で使うときは[에(e)]

나라의 수도［나라에 수도］ 国の首都

친구의 친구［친구에 친구］ 友達の友達

確認問題3　次の韓国語を読みましょう。（解説P.175）　020

(1) **귀여워요** かわいいです　　(2) **꽈배기** クァベギ（ねじり揚げドーナツ）

(3) **봐요** 見ます　　(4) **사과** リンゴ

(5) **뒤에** 後ろに　　(6) **뵈요** お目にかかります

(7) **좌뇌** 左脳　　(8) **돼지고기** 豚肉

(9) **외로워요** 寂しいです　　(10) **퇴사** 退社

(11) **회의** 会議　　(12) **누나의 시계** 姉の時計

STEP 7 子音❹

これまで学んだ子音字と母音字を組み合わせてできた文字のほかに、**산**のようにその下に新たな子音字が加わった文字があります。その下に位置する子音字をパッチム（**받침**）と言います（文字の赤色部分）。

021

산 san　말 mal　좀 chom

パッチムには「音が響くグループ」と「音の流れが止まるグループ」があります。

音が響くグループ：表記と発音が同じ。

発音の位置	唇	歯ぐき	口の奥	上あご
表記と発音	ㅁ m あんま（あmま）の「ん」。	ㄴ n あんない（あ n ない）の「ん」。	ㅇ ng あんがい（あ ng がい）の「ん」。	ㄹ l 「ラララ」と発音し舌と上あごが接する位置で「l」を発音。
例 022	곰 kom 熊	손 son 手	강 kang 川	달 tal 月

確認問題1　次の韓国語を読みましょう。 023

(1) **반** 班、クラス　(2) **밤** 夜　(3) **방** 部屋

(4) **발** 足　(5) **선생님** 先生　(6) **점심** 昼食

(7) **정신** 精神　(8) **달걀** 鶏卵　(9) **몰라요** 知りません

音の流れが止まるグループ：表記はいくつもあるが発音は3通り。

発音の位置	唇	歯ぐき	口の奥
表記	ㅂ、ㅍ	ㄷ、ㅅ、ㅆ、ㅈ、ㅊ、ㅌ、ㅎ	ㄱ、ㄲ、ㅋ
発音	ㅂ p やっぱり（yappari）の「っ」。	ㄷ t やった（yatta）の「っ」。	ㄱ k やっかい（yakkai）の「っ」。
例 024	입 口　잎 葉 どちらも ip と発音	빛 光　빗 くし どちらも pit と発音	박 泊　밖 外 どちらも pak と発音

確認問題 2　次の韓国語を読みましょう。（解説P.175）　025

(1) **수박**　スイカ　　(2) **슈퍼마켓**　スーパーマーケット

(3) **숲**　森　　(4) **해수욕**　海水浴

(5) **부엌**　台所　　(6) **집**　家

(7) **낮**　昼　　(8) **장미꽃**　バラの花

(9) **논밭**　田畑　　(10) **히읗**　子音字「ㅎ」の名称

(11) **가마솥**　大釜　　(12) **뜻**　意味

(13) **창밖**　窓の外　　(14) **곧**　すぐ

STEP 8 子音❺

ㄲ、ㅆなど同じ形の文字が二つ重なったパッチムを二重パッチムと言います。そして二つの異なる子音字を組み合わせた複合パッチムというものもあります。ほとんどの場合は左側のパッチムを読みますが、ㄺ、ㄻ、ㄿは右側を読みます。

複合パッチム：表記はいくつもあるが発音は5通り。

表記	発音
ㄵ、ㄶ	ㄴ n
ㄻ	ㅁ m
ㄼ、ㄾ、ㅀ	ㄹ l
ㄳ、ㄺ	ㄱ k
ㅄ、ㄿ、ㄼ*	ㅂ p

＊ㄼパッチムは[ㄹ]を読みますが、ごく一部の単語で[ㅂ]を読むことがあります。例)**밟다**(踏む)→[**밥따**]

026

左を読む例　몫 [목] 取り分　값[갑] 値段

右を読む例　앎 [암] 知ること　닭[닥] 鶏

確認問題　次の韓国語を読みましょう。(解説P.175)　**027**

(1) **넋** 魂　(2) **삶** 人生

(3) **흙** 土　(4) **여덟** 8

子音のまとめ

韓国語の子音を理解するとき必要な「鼻音」「口音」「流音」

鼻音

言語を話すときの音は口と鼻という出口から発せられますが、そのうち鼻にも空気を通しながら出す子音が鼻音です。韓国語において鼻音はㅁ、ㄴ、パッチムㅇの三つがあります。

口音

子音の中で鼻に空気を通さずに発音する子音を口音と言います。韓国語の口音にはㄱ、ㄷ、ㅂ、ㅅ、ㅈ、ㅋ、ㅌ、ㅍ、ㅎなどがあります。

流音

口音の中でも、英語の「r」と「l」の音、日本語のラ行の子音部分の音のことを流音と呼びます。韓国語においてはㄹがそれに当たります。ㄹは初声では「r」、終声（パッチム）では「l」と発音します（랄＝ral）。

		唇	歯ぐき	空気が 鋭く抜ける	口の奥	喉から そのまま
鼻音		ㅁ m	ㄴ n		ㅇ ng パッチム	
口音	平音	ㅂ p, b	ㄷ t, d	ㅅ s ㅈ ch, j	ㄱ k, g	ㅇ 無音
	激音	ㅍ p	ㅌ t	ㅊ ch	ㅋ k	ㅎ h
	濃音	ㅃ ッp	ㄸ ッt	ㅉ ッch	ㄲ ッk	
	流音		ㄹ r, l			

＊ㅎは激音のように空気を出す音なので激音と同じ行に入れます。

母音字と子音字の名称について

ハングルの母音字は発音がそのまま母音字の名称になります。例えば「ㅏ」という母音字の名称は**아**です。

一方、子音字はㄴなら**니은**、ㅁなら**미음**というように、「ㅣ으」の形を基本にして前後にその名称の子音字を入れます。また母音の前に発音される無音ㅇと、パッチムㅇも同じ方法で**이응**と言います。

니은　미음　리을　키읔　히읗

ただし、ㄱ、ㄷ、ㅅだけは例外なので個別に覚えておきましょう。

ㄱ：기역（×기윽）　　**ㄷ：디귿**（×디읃）

ㅅ：시옷（×시읏）

各子音字の名称と辞書を引くときの順

韓国語の辞書は、次の子音字の順で並んでいます。**가나다**（カナタ）順と呼びます。本書の巻末の単語集（P.204 参照）も**가나다**順で並んでいますので、引く際の参考にしてください。＊（　）内は子音字の名称

028

ㄱ(기역) → **ㄴ**(니은) → **ㄷ**(디귿) → **ㄹ**(리을) → **ㅁ**(미음) → **ㅂ**(비읍) → **ㅅ**(시옷) → **ㅇ**(이응) → **ㅈ**(지읒) → **ㅊ**(치읓) → **ㅋ**(키읔) → **ㅌ**(티읕) → **ㅍ**(피읖) → **ㅎ**(히읗)

第2章

発音変化

STEP 9 連音化

連音化

パッチムがある文字の後に母音から始まる(ㅇから始まる)文字が来ると、パッチムがㅇの位置に移動して発音されます。これを連音化と言います。次のように五つのタイプがあります。

タイプ1) 029

単独のパッチムは後続のㅇの位置に移動して発音されます。

산에 [사네] 山に　　**발음 [바름]** 発音

앞으로 [아프로] これから

タイプ2) 030

二重パッチムの場合、二つとも後続のㅇの位置に移動して発音されます。

있어요 [이써요] あります·います　　**묶음 [무끔]** 束

깎아 주세요 [까까 주세요] 安くしてください

タイプ3) 031

複合パッチムの場合、左側のパッチムを残し、右側のパッチムだけが後続のㅇの位置に移動して発音されます。

읽어요 [일거요] 読みます　　**넓이 [널비]** 広さ

젊은이 [절므니] 若者

タイプ4） 032

ㅎパッチムの次にㅇで始まる文字（母音）が来たとき、ㅎは発音されません。

좋아요［조아요］ 良いです（×조하요）

넣어［너어］ 入れて（×너허）

また、ㅎを含む複合パッチムのㄶ、ㅀも、ㅎが発音されません。そのため、左側のㄴ、ㄹがㅇの位置に移動して発音されます。

끊어요→［끈어요］→［끄너요］ 切ります

잃어요→［일어요］→［이러요］ 失います

タイプ5） 033

ㅇパッチムは連音化せず、そのまま発音されます。

종이［종이］ 紙　　병아리［병아리］ ヒヨコ

確認問題　次の韓国語を読みましょう。 034

(1) 강아지 子犬
(2) 앉으세요 座ってください
(3) 놓으세요 置いてください
(4) 맛있어요 おいしいです
(5) 편의점 コンビニ
(6) 밖에 外に
(7) 같아요 同じです
(8) 싫어요 嫌です

STEP 10 濃音化・激音化

濃音化 035

音の流れが止まるグループのパッチム音[ㅂ]、[ㄷ]、[ㄱ](P.027参照)に続く平音ㄱ、ㄷ、ㅂ、ㅈ、ㅅは、濃音[ㄲ]、[ㄸ]、[ㅃ]、[ㅉ]、[ㅆ]の発音に変わります。

학교 [학꾜] 学校　　듣고 [듣꼬] 聞いて

입다 [입따] 着る　　먹자 [먹짜] 食べよう

確認問題 1　次の韓国語を読みましょう。 036

(1) 합격 合格　　(2) 입구 入り口

(3) 몇 개 何個　　(4) 식사 食事

(5) 걷다 歩く　　(6) 어렵지요? 難しいですよね？

(7) 젓가락 箸　　(8) 약국 薬局

(9) 약속 約束　　(10) 입술 唇

激音化

平音ㄱ、ㄷ、ㅂ、ㅈの前後にㅎがあると、平音が激音［ㅋ］、［ㅌ］、［ㅍ］、［ㅊ］の発音に変わります。次のように二つのタイプがあります。

タイプ1） 037

ㅎパッチム（ㄶ、ㅀパッチムを含む）に平音ㄱ、ㄷ、ㅂ、ㅈが続くと、ㅎと平音が合体して、それぞれ［ㅋ］、［ㅌ］、［ㅍ］、［ㅊ］の発音に変わります。

좋다［조타］ 良い　**괜찮다**［괜찬타］ 大丈夫だ

옳지 않다［올치 안타］ 正しくない

タイプ2） 038

［ㄱ］、［ㄷ］、［ㅂ］で発音されるパッチムにㅎが続くと、パッチムとㅎが合体して、それぞれ激音［ㅋ］、［ㅌ］、［ㅍ］の発音に変わります。

백화점［배콰점］ デパート　**맏형**［마텽］ 一番上の兄

입학［이팍］ 入学

確認問題2　次の韓国語を読みましょう。 039

(1) **축하** 祝い　(2) **못 해요** できません

(3) **부탁해요** お願いします　(4) **좋지요?** いいですよね？

(5) **착하다** 優しい　(6) **몇 학기** 何学期

(7) **싫다** 嫌だ　(8) **북한** 北朝鮮

STEP 11 鼻音化・流音化

鼻音化

タイプ1）

　口音［ㅂ］、［ㄷ］、［ㄱ］で発音されるパッチム（P.027参照）の後にㄴ、ㅁが続くと、［ㅂ］、［ㄷ］、［ㄱ］パッチムはそれぞれの鼻音［ㅁ］、［ㄴ］、［ㅇ］の発音に変わります。

	口音	→	鼻音
唇	ㅂ p	→	ㅁ m
歯ぐき	ㄷ t	→	ㄴ n
口の奥	ㄱ k	→	ㅇ ng

040

입니다［임니다］ ～です　**빛나요**［빈나요］ 光ります

작년［장년］ 昨年　**국물**［궁물］ 汁

確認問題 1　次の韓国語を読みましょう。 041

(1) **옛날** 昔　(2) **감사합니다** ありがとうございます

(3) **맞니?** 合っているの？　(4) **좋네요** いいですね

(5) **몇 명** 何名　(6) **못 먹어요** 食べられません

(7) **백 마리** 100匹　(8) **밖만** 外だけ

タイプ2） 042

ㄴ、ㄹ以外のパッチムの後に流音ㄹが続くと、ㄹは鼻音[ㄴ]の発音に変わります。

종로[종노] 鍾路　**심리**[심니] 心理

능력[능녁] 能力　**점령**[점녕] 占領

上の条件に加え、ㄴ、ㄹ以外のパッチムの中でも[ㅂ]、[ㄷ]、[ㄱ]で発音されるパッチムの後に流音ㄹが続くと、タイプ1の鼻音化が続いて起こります。

독립→[독닙]→[동닙] 独立

수업료→[수업뇨]→[수엄뇨] 授業料

確認問題2　次の韓国語を読みましょう。 043

(1) **정류장** 停留所　(2) **동료** 同僚

(3) **협력** 協力　(4) **컵라면** カップラーメン

(5) **금리** 金利　(6) **법률** 法律

(7) **착륙** 着陸　(8) **확률** 確率

流音化　044

鼻音ㄴは流音ㄹの前後で[ㄹ]の発音に変わります。つまり、ㄴㄹ、ㄹㄴは[ㄹㄹ]と発音されます。

한류[할류]　韓流
신라[실라]　新羅
실내[실래]　室内
일 년[일 련]　1年

ただし、合成漢字語などでは次のようにㄴとㄹが[ㄴㄴ]と発音されることもあります。

생산량[생산냥]　生産量
의견란[의견난]　意見欄

確認問題3　次の韓国語を読みましょう。(9)(10)はㄴとㄹが[ㄴㄴ]と発音される単語です。　045

(1) **설날**　正月
(2) **연락**　連絡
(3) **칠 년**　7年
(4) **별나라**　星の国
(5) **만리장성**　万里の長城
(6) **열넷**　14
(7) **관리**　管理
(8) **진로**　進路
(9) **입원료**　入院料
(10) **동원령**　動員令

STEP 12 ㅎ弱音化、ㄴ挿入、口蓋音化

ㅎ弱音化 046

鼻音(ㄴ、ㅁ、ㅇ)、流音(ㄹ)、母音の後に続くㅎが、弱く発音されたり発音されなかったりする現象です。さらにㅎ弱音化によってㅎがなくなったとき、直前のパッチムがㄴ、ㅁ、ㄹの場合、連音化します。

ㅎ弱音化は主に普段のナチュラルなスピードで発話するときに起きる現象で、ゆっくり話すときはㅎがしっかり発音されることもあります。

새해 [새애] 新年

사랑해요 [사랑애요] 愛しています

결혼 [겨론] 結婚

면허 [며너] 免許

確認問題 1 次の韓国語を読みましょう。 047

(1) **여행** 旅行

(2) **문화** 文化

(3) **미안해요** ごめんなさい

(4) **전화번호** 電話番号

(5) **남한** 南韓(韓国)

(6) **안녕하세요** こんにちは

(7) **간호사** 看護師

(8) **공항** 空港

ㄴ挿入　048

主に二つの語からなる合成語において前の単語にパッチムがあって、次の単語が**이**、**야**、**여**、**요**、**유**、**예**、**얘**で始まるとき、ㄴが挿入されることがあります。

일본 요리 [일본 뇨리]　日本料理

부산역 [부산녁]　釜山駅

また、ㄴ挿入が起きたことによって鼻音化や流音化が起こることがあります。

한국 요리→[한국 뇨리]→[한궁 뇨리]　韓国料理

서울역→[서울녁]→[서울력]　ソウル駅

確認問題 2　次の韓国語を読みましょう。なお、全てㄴ挿入が起きるものとします。　049

(1) **십육**　16　　(2) **백육**　106

(3) **담요**　毛布　　(4) **그림엽서**　絵はがき

(5) **한국 영화**　韓国映画　　(6) **꽃잎**　花びら

(7) **알약**　錠剤　　(8) **스물여섯**　26

口蓋音化 050

パッチムㄷ、ㅌの後に**이**が続いて連音化する場合、それぞれ[**디**]、[**티**]ではなく、[**지**]、[**치**]と発音します。また、パッチムㄷの後に**히**が続く場合も[**치**]と発音します。ただしパッチムではない**디**、**티**はそのまま[**디**][**티**]と発音しますので注意しましょう。

・**口蓋音化の例**

맏이［마지］ 長男·長女

같이［가치］ 一緒に

・**口蓋音化が起きない例**

잔디［잔디］ 芝生

티끌［티끌］ ちり

確認問題3 次の韓国語を読みましょう。 051

(1) **해돋이** 日の出

(2) **굳이** あえて

(3) **끝이에요** 終わりです

(4) **닫히다** 閉まる

(5) **티슈** ティッシュ

(6) **한마디** 一言

日本語のハングル表記

	語頭 / 語中
あ い う え お	아 이 우 에 오
か き く け こ	가 기 구 게 고 / 카 키 쿠 케 코
が ぎ ぐ げ ご	가 기 구 게 고
さ し す せ そ	사 시 스 세 소
ざ じ ず ぜ ぞ	자 지 즈 제 조
た ち つ て と	다 지 쓰 데 도 / 타 치 쓰 테 토
だ ぢ づ で ど	다 지 즈 데 도
な に ぬ ね の	나 니 누 네 노
は ひ ふ へ ほ	하 히 후 헤 호
ば び ぶ べ ぼ	바 비 부 베 보
ぱ ぴ ぷ ぺ ぽ	파 피 푸 페 포
ま み む め も	마 미 무 메 모
や ゆ よ	야 유 요
ら り る れ ろ	라 리 루 레 로
わ を ん	와 오 ㄴ

＊韓国国立国語院の外国語表記法によるもの

1：「え」は ㅔ で表記する。ㅐ は日本語表記としては使われない。
絵馬（えま）→**에마**（×**애마**）、眼鏡（めがね）→**메가네**（×**매가내**）

2：「お」「よ」「ょ」は、ㅗ、ㅛ で表記し、ㅓ、ㅕ は使わない。
森（もり）→**모리**（×**머리**）、処理（しょり）→**쇼리**（×**셔리**）

3：「う」や「お」などの長母音は表記しない。
大阪（おおさか）→**오사카**（×**오오사카**）、新潟（にいがた）→**니가타**（×**니이가타**）

4：「す(su)、ず(zu)、づ(zu)、つ(tsu)」の母音(u)は「으」と表記する。
進む(すすむ)→**스스무**(×**수수무**)、静岡(しずおか)→**시즈오카**(×**시주오카**)

5：「つ」は「쓰」と表記する。
草津(くさつ)→**구사쓰**(×**구사츠**、**구사쯔**)

6：「っ」と「ん」はそれぞれパッチムの「ㅅ」と「ㄴ」で表記する。
北海道(ほっかいどう)→**홋카이도**(×**혹카이도**)、
新橋(しんばし)→**신바시**(×**심바시**)

7：「쓰(つ)」を除いて濃音は日本語表記に使われない。
納豆(なっとう)→**낫토**(×**낫또**)、横浜(よこはま)→**요코하마**(×**요꼬하마**)

8：「ちゃ、ちゅ、ちょ」、「じゃ、じゅ、じょ」の拗音(ようおん)「ゃ、ゅ、ょ」は「아、우、오」で表記、その他の拗音は「야、유、요」で表記する。
まんじゅう→**만주**(×**만쥬**)
忍者(にんじゃ)→**닌자**(×**닌쟈**)

9：「ざ、ず(づ)、ぜ、ぞ」のように子音「z」で始まる韓国語の音は存在しないので、それぞれ「자、즈(즈)、제、조」と表記する。
宮崎(みやざき)→**미야자키**、尾瀬(おぜ)→**오제**、謎(なぞ)→**나조**

確認問題　次の日本語をハングル表記に書きなさい。

(1) 東京(とうきょう) ＿＿＿＿＿＿　(2) 六本木(ろっぽんぎ) ＿＿＿＿＿＿

(3) 別府(べっぷ) ＿＿＿＿＿＿　(4) 横綱(よこづな) ＿＿＿＿＿＿

(5) 大野(おおの) ＿＿＿＿＿＿　(6) 銀座(ぎんざ) ＿＿＿＿＿＿

(7) 新宿(しんじゅく) ＿＿＿＿＿＿　(8) 九州(きゅうしゅう) ＿＿＿＿＿＿

(9) 自分の名前 ＿＿＿＿＿＿＿＿＿＿＿＿

授業中によく使う表現

教師

052
여기를 보세요.　ここを見てください。
교과서를 보지 마세요.　教科書を見ないでください。
책을 펴세요.　本を開いてください。
책을 덮으세요.　本を閉じてください。
따라 하세요.　後について言ってください。
잘 들으세요.　よく聞いてください。
읽으세요.　読んでください。
다음 주에 또 만나요.　来週また会いましょう。
수고하셨습니다.　お疲れさまでした。

053
잘 모르겠습니다.　よく分かりません。
알겠습니다.　分かりました。
다시 한번 말해 주세요.　もう一度話してください。
천천히 말해 주세요.　ゆっくり話してください。
잘 안 보여요.　よく見えません。
잘 안 들려요.　よく聞こえません。
너무 어려워요.　難しすぎます。
너무 빨라요.　早すぎます。
써 주세요.　書いてください。
선생님, 질문이 있습니다.　先生、質問があります。

学生

第 3 章

本編

第1課 저는 나카노 리사입니다.

私は中野理沙です。

この課の学習ポイント

① ~은/는 ~は
② ~입니다 ~です
③ ~이에요/예요 ~です
④ ~이라고/라고 합니다 ~と申します、~と言います

学習ポイント①

~은/는 ~は

「~は」に当たる助詞です。前の単語末にパッチムがあれば은、パッチムがなければ는を付けます。

054

한국 사람은 韓国人は

저는 私は

確認問題 下線部に은か는を入れて、連音化に注意しながら発音しましょう。 055

(1) **내일**＿＿＿＿ 明日は (2) **남자**＿＿＿＿ 男は

(3) **일본 사람**＿＿＿＿ 日本人は (4) **여자**＿＿＿＿ 女は

学習ポイント②

~입니다　~です

名詞の後に付いて「～です」を意味します。疑問文「～ですか？」は~**입니까?**と、語尾を上げて言います。

입니다は[**임니다**]と発音します。[**이**p**니다**]を[**이**m**니다**]と発音するのは「鼻音化（P.036参照）」によるものです。

056

커피입니다. コーヒーです。

저는 대학생입니다. 私は大学生です。

물입니까? 水ですか？

確認問題　絵を見ながら、下線部に正しい韓国語を書きましょう。
057

(1)

마리코
일본 사람

저는 ______________________.
私はマリコです。

저는 ______________________.
私は日本人です。

(2)

지훈
한국 사람

저는 ______________________.
私はジフンです。

저는 ______________________.
私は韓国人です。

学習ポイント③

~이에요/예요　~です

名詞の後に付いて「~です」を意味します。前の単語末にパッチムがあれば**이에요**、パッチムがなければ**예요**を付けます。**예요**の発音は、発音しやすい[**에요**]で構いません。疑問文の場合は語尾を上げて~**이에요**?/**예요**?と言います。~**입니다**と比べて柔らかいニュアンスがあります。

058

오빠는 파일럿이에요.　兄はパイロットです。

녹차예요.　緑茶です。

남동생은 초등학생이에요?　弟は小学生ですか?

토마토는 야채예요? 과일이에요?
トマトは野菜ですか?　果物ですか?

確認問題　下線部に**은**/**는**と**이에요**/**예요**を入れて文を完成させましょう。
059

(1) **미나**______ **학생**______________.　ミナは学生です。

(2) **양양**______ **요리사**______________.　ヤンヤンは料理人です。

(3) **한스**______ **의사**______________.　ハンスは医者です。

(4) **마이클**______ **선생님**______________.　マイケルは先生です。

(5) **올리버**______ **가수**______________?　オリバーは歌手ですか?

(6) **데이빗**______ **회사원**______________?　デビッドは会社員ですか?

(7) **유키**______ **주부**______________?　ユキは主婦ですか?

学習ポイント④

~이라고/라고 합니다

~と申します、~と言います

名前に付いて「~と申します、~と言います」を意味する表現です。前の単語末にパッチムがあれば**이라고**、パッチムがなければ**라고**を付けます。**합니다**は**해요**に置き換えることが可能です。

합니다を[**함니다**]と発音するのも「鼻音化」によるものです。

060

저는 전호상이라고 합니다. 私はチョン・ホサンと申します。

이토 나오미라고 해요. 伊藤直美と言います。

確認問題 ＿＿ から正しいものを選んで下線部に書きましょう。

061

은　는　이라고 합니다　라고 합니다

(1) **저＿＿ 미유키＿＿＿＿.**
私はミユキと申します。

(2) **저＿＿ 이미선＿＿＿＿.**
私はイ·ミソンと申します。

(3) **아들 이름＿＿ 브라이언＿＿＿＿.**
息子の名前はブライアンと言います。

(4) **딸 이름＿＿ 하루카＿＿＿＿.**
娘の名前はハルカと言います。

리사 : 안녕하세요? 저는 나카노 리사**예요**.

성만 : 안녕하세요?

제 이름은 김성만**이라고 합니다**.

리사 : 성만 씨는 대학생**입니까**?

성만 : 네, 저는 대학생**이에요**. 반갑습니다.

리사 : 만나서 반가워요.

この課の単語と表現 063

□ **안녕하세요?**：人に会ったときのあいさつで、「おはようございます」「こんにちは」「こんばんは」と、時間に関係なく使うことができる。

□ **저**：私

□ **제**：私の。**저**＋～**의**(～の)を縮約した形(P.025参照)。**저**よりくだけた表現で、友達同士などで使われる**나**(僕・私)もあり、これに～**의**が付くと**내**と縮約される。
例 **제 가방、내 가방**(私のかばん)

□ **이름**：名前

□ **씨**：～さん、氏。韓国語では名字だけに**씨**を付けると上から目線の言い方になるので注意。 例 **김성만 씨**(○)、**성만 씨**(○)、**김 씨**(×)

□ **대학생**：大学生 発 **[대학쌩]**

□ **네**：はい。**예**(はい)という表現もあり、こちらの方がやや丁寧な印象。

□ **반갑습니다**：お会いできてうれしいです。**만나서 반가워요、만나서 반갑습니다**とも言う。 発 **[반갑씀니다]**

コラム
韓国語の「分かち書き」

성만 씨는 대학생입니까? ソンマンさんは大学生ですか？

このように、韓国語は単語と単語の間に1文字分のスペースを空けて書きますが、それを「分かち書き(**띄어쓰기**)」と言います。このようにスペースを空けることは英語の文でも見たことがあると思いますが、韓国語の分かち書きは少し複雑なので、韓国人でも正しく書くのがなかなか難しいほどです。

今の段階では以下の二つの場合は分かち書きをしないことだけ覚えて、他は単語と単語の間は空けると思いましょう。

①助詞は名詞に付けて書く。
저는 私は　**대학생의** 大学生の

②「～です、～ですか？」を意味する～**입니다**、～**입니까?**や～**이에요**/**예요**は名詞に付けて書く。
한국 사람입니까?　**회사원이에요.**

日常でよく使うあいさつ 064

안녕하세요?
こんにちは

안녕히 주무세요.
おやすみなさい。

안녕히 가세요.
さようなら。（立ち去る人に向かって）

안녕히 계세요.
さようなら。（その場に残る人に向かって）

처음 뵙겠습니다.
初めまして。

만나서 반갑습니다.
会えてうれしいです。

잘 부탁합니다.
よろしくお願いします。

수고하셨습니다.
お疲れさまでした。

저는 하야시 나호입니다.
私は林菜穂です。

잘 먹었습니다.
ごちそうさまでした。

맛있게 드세요.
お召し上がりください。

잘 먹겠습니다.
いただきます。

감사합니다、고마워요.
ありがとうございます。
＊**고마워요**は**감사합니다**より
カジュアルな表現です。

천만에요.
どういたしまして。

미안해요.
ごめんなさい。

괜찮아요.
大丈夫です。

第2課 저는 한국 사람이 아닙니다.

私は韓国人ではありません。

この課の学習ポイント

① ~이/가 아닙니다、~이/가 아니에요
~ではありません

② A이/가 아니라 B이에요/예요　AではなくてBです

③ ~도　~も

学習ポイント①

~이/가 아닙니다
~이/가 아니에요　~ではありません

前の単語末にパッチムがあれば**이**、パッチムがなければ**가**を付けます。疑問文の場合は語尾を上げて~**이/가 아닙니까?**、~**이/가 아니에요?**と言います。「いいえ」という意味の**아뇨**(**아니요**とも言う)を頭に付けて答えてもよいでしょう。

아닙니다を[**아님니다**]と発音するのは鼻音化によるものです。

065

대학생이 아닙니다.　大学生ではありません。

여기가 아닙니까?　ここではありませんか？

오늘은 생일이 아니에요.　今日は誕生日ではありません。

A : 오늘은 월요일입니까?　今日は月曜日ですか？

B : 아뇨(아니요), 오늘은 월요일이 아닙니다.
いいえ、今日は月曜日ではありません。

絵を見ながら、下線部に正しい韓国語を入れて会話を完成させましょう。 066

(1)

가：이리나 씨는 미국 사람이에요? イリナさんはアメリカ人ですか？

나：아뇨, ＿＿＿＿＿＿＿＿＿＿＿＿. 러시아 사람이에요.
いいえ、アメリカ人ではありません。ロシア人です。

가：이리나 씨는 배우예요? イリナさんは俳優ですか？

나：아뇨, ＿＿＿＿＿＿＿＿＿＿＿＿. 의사예요.
いいえ、俳優ではありません。医者です。

(2)

가：혜정 씨는 일본 사람입니까? ヘジョンさんは日本人ですか？

나：아니요, ＿＿＿＿＿＿＿＿＿＿＿＿. 한국 사람입니다.
いいえ、日本人ではありません。韓国人です。

가：혜정 씨는 선생님입니까? ヘジョンさんは先生ですか？

나：아니요, ＿＿＿＿＿＿＿＿＿＿＿＿. 학생입니다.
いいえ、先生ではありません。学生です。

学習ポイント②

A이/가 아니라 B이에요/예요
AではなくてBです

Aの単語末にパッチムがあれば**이**、パッチムがなければ**가**を付けます。Bの単語末にパッチムがあれば**이에요**、パッチムがなければ**예요**を付けます。疑問文の場合は語尾を上げて**B이에요?/예요?**と言います。

また、**B이에요/예요**を、**B입니다**(Bです)、**B입니까?**(Bですか?)と言うこともできます。

067
눈이 아니라 비예요.
雪ではなく、雨です。

여자 친구가 아니라 여동생이에요. 彼女ではなく妹です。

회사가 아니라 학교예요? 会社ではなく、学校ですか?

배우가 아니라 가수입니다. 俳優ではなくて歌手です。

確認問題 下線部に**이/가**と**이에요/예요**を入れて文を完成させましょう。
068

(1) **미국 사람＿＿＿ 아니라 영국 사람＿＿＿＿＿＿.**
アメリカ人ではなくて、イギリス人です。

(2) **대학생＿＿＿ 아니라 직장인＿＿＿＿＿＿.**
大学生ではなくて、社会人です。

(3) **남자아이＿＿＿ 아니라 여자아이＿＿＿＿＿＿.**
男の子ではなくて、女の子です。

(4) **오늘＿＿＿ 아니라 내일＿＿＿＿＿＿?**
今日ではなくて、明日ですか?

学習ポイント③

～도　～も

「～も」に当たる助詞です。単語末のパッチムの有無と関係なく**도**を付けます。

069

여기도 회사가 아니에요.　ここも会社ではありません。

내일도 학교예요.　明日も学校です。

確認問題

絵を見ながら、下線部に正しい韓国語を書き入れて文を完成させましょう。　070

(1)

정현

윤호

윤호 씨는 한국 사람이에요.　ユノさんは韓国人です。

정현 씨＿＿＿ 한국 사람＿＿＿＿＿＿＿.
ジョンヒョンさんも韓国人です。

(2)

이노우에

미야모토

미야모토 씨는 회사원입니다.　宮本さんは会社員です。

이노우에 씨＿＿＿ 회사원＿＿＿＿＿＿＿.
井上さんも会社員です。

第3章
本編
第2課

사야 : 유미 씨는 한국 사람입니까?

유미 : 아뇨, 저는 한국 사람**이 아닙니다**.

일본 사람입니다.

사야 : 그럼 지금 대학생입니까?

유미 : 대학생**이 아니라** 회사원**이에요**.

사야 씨도 일본 사람이에요?

사야 : 네, 맞아요. 저도 일본 사람이에요.

この課の単語と表現 072

□ **한국 사람**：韓国人。**한국**(韓国)＋**사람**(人)。発 **[한국 싸람]**、**한국 사람입니까?** の発音は **[한국 싸라밈니까]** となる。

□ **아뇨**：いいえ。**아니요**とも言う。

□ **일본 사람**：日本人。**일본**(日本)＋**사람**。発 **[일본 싸람]**、この本で学んだ濃音化のルールではない、例外的な濃音化。

□ **그럼**：では、それでは

□ **지금**：今

□ **회사원**：会社員

□ **맞아요**：合っています、そうです。同意の際の相づち表現。発 **[마자요]**

コラム 「○○人」の言い方

「○○人」は、○○ **사람**、○○**인**と言います。**사람**と**인**はそれぞれ「人」を意味する固有語と漢字語です。**사람**を使うときは国を表す単語と**사람**の間を分かち書きしましょう。

A：**브라질인이에요?** ブラジル人ですか？
B：**네, 브라질 사람이에요.** はい、ブラジル人です。

A：**미국 사람이에요?** アメリカ人ですか？
B：**미국인이 아니라 호주 사람이에요.** アメリカ人ではなくて、オーストラリア人です。

◎色々な国の名前(五十音順)

미국 アメリカ
이집트 エジプト
캐나다 カナダ
태국 タイ
튀르키예 トルコ
브라질 ブラジル
벨기에 ベルギー
아르헨티나 アルゼンチン
호주 オーストラリア
한국 韓国
중국 中国
일본 日本
프랑스 フランス
멕시코 メキシコ
영국 イギリス
네덜란드 オランダ
그리스 ギリシャ
독일 ドイツ
필리핀 フィリピン
베트남 ベトナム
러시아 ロシア

プラスα

さまざまなシチュエーションでの返事として使える**아니에요** 073

この課で習った~**이/가 아니에요**の**아니에요**ですが、**아니에요**単独では、次のようにさまざまなシチュエーションで返事として使える便利な言葉です。

① 単純に否定するとき

A:한국 사람이에요? 韓国人ですか?

B:아니에요. 違います。

＊**아뇨、아니요**（いいえ）でも可

② 感謝されたとき

A:고마워요. ありがとうございます。

B:아니에요. いえいえ。

＊**천만에요**（どういたしまして）でも可

③ 謝られたとき

A:미안해요. ごめんなさい。

B:아니에요. いえいえ。

＊**괜찮아요**（大丈夫です）でも可

④ 謙遜するとき

A:한국어 잘하시네요.
韓国語、お上手ですね。

B:아니에요. いえいえ。

직업(職業)と신분(身分) 074

의사 医者	**간호사** 看護師	**가수** 歌手
배우 俳優	**유튜버** ユーチューバー	**아나운서** アナウンサー
변호사 弁護士	**교사** 教師	**교수** 教授
학생 学生	**회사원** 会社員	**경찰관** 警察官
소방관 消防士	**공무원** 公務員	**은행원** 銀行員
역무원 駅員	**스포츠 선수** スポーツ選手	**작가** 作家
번역가 翻訳家	**운전사** 運転手	**스님** お坊さん
목사 牧師	**요리사** 料理人	**유치원생** 幼稚園児
초등학생 小学生	**중학생** 中学生	**고등학생** 高校生
대학생 大学生	**유학생** 留学生	**직장인** 会社員、社会人

こんなふうに言ってみましょう 075

제 남동생은 초등학생이에요. 私の弟は小学生です。

아버지는 경찰관입니다. 父は警察官です。

第3課

동생이 있어요?

年下のきょうだいがいますか？

この課の学習ポイント

① ~이/가　~が
② 있어요　います・あります
　 없어요　いません・ありません
③ ~에　~に
④ ~은/는 한국어로 뭐라고 해요?
　 ~は韓国語で何と言いますか？

学習ポイント①

~이/가　~が

「~が」に当たる助詞です。前の単語末にパッチムがあれば**이**、パッチムがなければ**가**を付けます。

076

내일이 생일이에요.　明日が誕生日です。

저기가 학교예요?　あそこが学校ですか？

確認問題　下線部に**이**か**가**を入れて文を完成させましょう。　077

(1) **아들＿＿＿ 둘이에요.**　息子が2人です。

(2) **내일＿＿＿ 시험이에요.**　明日が試験です。

(3) **요리＿＿＿ 취미입니다.**　料理が趣味です。

学習ポイント②

있어요 います・あります
없어요 いません・ありません

韓国語は「いる」と「ある」の区別をしません。**있어요**は**있습니다**、**없어요**は**없습니다**と言うこともできます。疑問文の場合は語尾を上げて**있어요?/있습니까?**、**없어요?/없습니까?**と言います。

있어요/있습니다、**없어요/없습니다**の発音は[**이써요/읻씀니다**][**업써요/업씀니다**]です。

078

여자아이가 있어요. 女の子がいます。

꽃이 있습니다. 花があります。

반찬이 없어요? おかずがありませんか？

오늘은 아르바이트가 없습니다.
今日はアルバイトがありません。

確認問題　下線部に適切な助詞と**있어요/없어요**を入れて文を完成させましょう。 079

(1) **오늘______ 숙제______ ________________.**
今日は宿題がありません。

(2) **딸______ 하나 ________________.**
娘が1人います。

(3) **내일______ 일______ ________________.**
明日も仕事があります。

(4) **술______ ________________?**
お酒はありませんか？

学習ポイント③

～에　～に

場所や時間を表す「～に」に当たる助詞です。

080

지금 교실에 있어요.　今、教室にいます。

여름에 휴가가 있어요?　夏に休暇がありますか？

確認問題　下線部に適切な助詞を入れて文を完成させましょう。　081

(1) **도서관______ 책______ 있어요.**　図書館に本があります。

(2) **오후______ 회의______ 있어요.**　午後に会議があります。

(3) **저녁______ 회식______ 있습니다.**　夜に会食(飲み会)があります。

学習ポイント④

～은/는 한국어로 뭐라고 해요?
～は韓国語で何と言いますか？

韓国語で何と言うのか聞くとき使える便利な表現です。**뭐**は「何」という意味の疑問詞です。日本語で何と言うのか聞きたい場合は、**한국어로**(韓国語で)を**일본어로**(日本語で)に置き換えます。

答えるときは~**이라고**/**라고 해요**と言います。

082

A：スイカ는 한국어로 뭐라고 해요?
スイカは韓国語で何と言いますか？

B：수박이라고 해요.
수박と言います。

A：맛있어요는 일본어로 뭐라고 해요?
맛있어요は日本語で何と言いますか？

B：おいしいです라고 해요.
おいしいですと言います。

確認問題　下線部に正しい韓国語を入れて会話を完成させましょう。 083

(1) A：생선은 일본어로 ＿＿＿＿＿＿＿＿＿＿?
생선(魚)は日本語で何と言いますか？

B：魚＿＿＿＿＿＿＿＿.
魚と言います。

(2) A：(窓を指しながら) 이건 한국어로 ＿＿＿＿＿＿＿＿＿＿?
これは韓国語で何と言いますか？

B：그건 한국어로 창문＿＿＿＿＿＿＿＿＿＿.
それは韓国語で창문(窓)と言います。

(3) A：ナシ는 ＿＿＿＿＿＿＿＿ 뭐라고 ＿＿＿＿＿?
ナシは韓国語で何と言いますか？

B：배＿＿＿＿＿ 해요.
배と言います。

第3章 本編 第3課

나오토 : 혜은 씨는 동생**이 있어요**?

혜은　: 네, 남동생이 하나 **있어요**.

나오토 : 저는 형제**가 없어요**.

하지만 우리 집**에** 고양이**가 있어요**.

혜은　: 아, 그래요?

그런데 고양이는 **일본어로 뭐라고 해요**?

나오토 : 네코**라고 해요**.

この課の単語と表現 085

□ **동생**：弟・妹、年下のきょうだい。男女を区別して言うときは**남동생**(弟)、**여동생**(妹)と言う。

□ **하나**：一つ(P.116参照)。ここでは「一人」の意味で使われている。

□ **형제**：きょうだい

□ **하지만**：だけど、ですが、しかし

□ **우리 집**：わが家、私の家。「私たち」を表す**우리**という言葉と**집**(家)の組み合わせ。

□ **고양이**：猫

□ **그래요?**：そうですか、そうなんですか

□ **그런데**：ところで、しかし、さて

□ **뭐**：何。疑問詞**무엇**の省略形が**뭐**。会話では**뭐**がよく使われる。

コラム 「私の」の意味で使われる내と우리

내(私の、P.051参照)は「私だけの」を意味しますが、**우리**(私たちの)は「みんなの」の意味で「うちの」と訳すこともできます。

내 생일 私の誕生日　　**우리 회사** うちの会社

내と**우리**が人間関係で使われる場合、**동생**(年下のきょうだい)と**친구**(友達)だけは**내 동생**、**내 친구**と言いますが、他は**우리**を付けて**우리 아들**(うちの息子)、**우리 오빠**(うちの兄)、**우리 어머니**(うちの母)、**우리 선생님**(うちの先生)のように言います。ただし、これはあくまでも傾向です。「私だけの」と強調したいときは**내 아들**(私の息子)のように**내**を使うことも可能です。

가족（家族） 086

할아버지
おじいさん

할머니
おばあさん

아버지、아빠
お父さん、パパ

어머니、엄마
お母さん、ママ

언니/누나
（女性から見た
／男性から見た）
姉

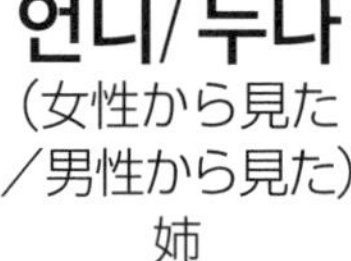

오빠/형
（女性から見た
／男性から見た）
兄

저/나
私／僕·私

동생(남동생、여동생)
年下のきょうだい（弟、妹）

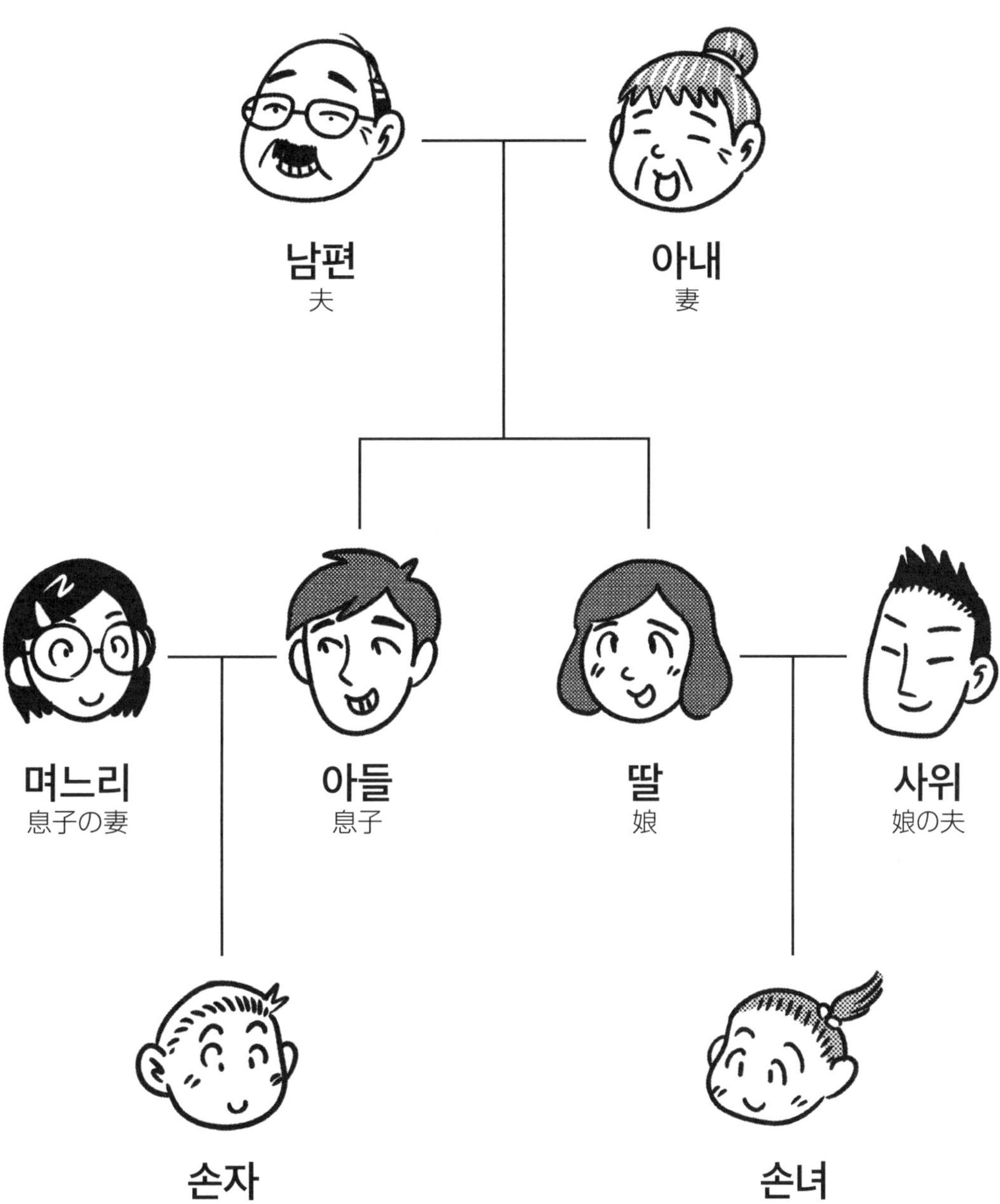
남편
夫
아내
妻
며느리
息子の妻
아들
息子
딸
娘
사위
娘の夫
손자
男の孫
손녀
女の孫

第4課 그건 뭐예요?

それは何ですか？

この課の学習ポイント

① 이、그、저 この、その、あの
② 이것、그것、저것 (이거、그거、저거) これ、それ、あれ
③ 여기、거기、저기 ここ、そこ、あそこ
④ ~과/와、~하고、~이랑/랑 ~と（同じく、一緒に）

学習ポイント①

087

이	그	저
この	その	あの

이 나라 この国　**그 집** その家　**저 시계** あの時計

確認問題 下線部に**이**、**그**、**저**を入れて文を完成させましょう。 088

(1) ______ **사람은 누구입니까?** あの人は誰ですか？

(2) ______ **아이는 제 여동생이에요.** この子は私の妹です。

(3) ______ **책은 교과서입니다.** その本は教科書です。

学習ポイント②

이、**그**、**저**に「物、事」を意味する**것**が付いた語です。実際の会話では話し言葉**이거**、**그거**、**저거**が使われます。

089

이것(이거) これ	그것(그거) それ	저것(저거) あれ

이것、**그것**、**저것**に助詞の～**은**(～は)や～**이**(～が)を付けると下の表のようになります。実際の会話では話し言葉**이건**、**그건**、**저건**や**이게**、**그게**、**저게**が使われます。

090

이것은(이건) これは	그것은(그건) それは	저것은(저건) あれは
이것이(이게) これが	그것이(그게) それが	저것이(저게) あれが

이것은(이건) 물이에요. これは水です。

그것은(그건) 공책이에요. それはノートです。

저것이(저게) 지도예요. あれが地図です。

이게 뭐예요? これが（これは）何ですか？

＊疑問文において日本語では「これが何ですか？」とはあまり言わないですが、韓国語では前置きなしで最初に聞くとき、**이건**/**그건**/**저건 뭐예요?**より**이게**/**그게**/**저게 뭐예요?**と聞くことが多いです。

確認問題　下線部に正しい韓国語（＊話し言葉も可）を入れて文を完成させましょう。
091

(1) ＿＿＿＿＿＿ **얼마예요?** それ、いくらですか？

(2) ＿＿＿＿＿＿ **가방이에요?** あれはかばんですか？

(3) ＿＿＿＿＿＿ **내 볼펜이 아니에요.**
これは私のボールペンではありません。

(4) ＿＿＿＿＿＿ **뭐예요?** あれは何ですか？

学習ポイント③

092

여기 ここ	거기 そこ	저기 あそこ

여기가 제 고향입니다. ここが私の故郷です。

거기에 뭐가 있어요? そこに何がありますか？

저기에는 화장실이 없습니다. あそこにはトイレがありません。

＊助詞**～에**（～に）＋**～는**（～は）を組み合わせて**～에는**（～には）という表現になります。

確認問題　下線部に正しい韓国語を入れて文を完成させましょう。　093

(1) ＿＿＿＿＿＿**에는 없어요.** ここにはありません。

(2) ＿＿＿＿＿＿**가 역이에요.** あそこが駅です。

学習ポイント④

「〜と（同じく、一緒に）」を意味する助詞は〜**과**/**와**、〜**하고**、〜**이랑**/**랑**の３通りあります。〜**하고**以外は前の単語末のパッチムの有無により付ける形が違います。意味は同じですが、次のようなニュアンスの差があります。

パッチム	硬い ⬅	ニュアンス	➡ 柔らかい
ある	**과**	**하고**	**이랑**
ない	**와**		**랑**

094

오늘은 어머니와 아버지가 집에 없어요.
今日は母と父が家にいません。

바나나하고 사과가 있어요.
バナナとリンゴがあります。

남동생은 형이랑 집에 있어요.
弟はお兄さんと家にいます。

確認問題　下線部に正しい助詞をそれぞれ三つずつ入れましょう。　095

(1) **귤** ＿＿＿、＿＿＿、＿＿＿ **포도**　ミカンとブドウ

포도 ＿＿＿、＿＿＿、＿＿＿ **귤**　ブドウとミカン

(2) **책상** ＿＿＿、＿＿＿、＿＿＿ **의자**　机と椅子

의자 ＿＿＿、＿＿＿、＿＿＿ **책상**　椅子と机

미유 : **그건** 뭐예요?

성만 : **이것은** 한국어 책이에요.

미유 : **그** 책은 어디에 있어요?

성만 : **이** 책은 도서관에 있어요.

거기에는 컴퓨터도 있어요.

미유 : **저기**는 어디예요?

성만 : **저기**는 학생 식당이에요.

미유 : 학생 식당은 뭐가 맛있어요?

성만 : 카레**와** 라면이 맛있어요.

この課の単語と表現 097

□ **한국어 책**：韓国語の本

□ **어디**：どこ。場所を聞く疑問詞。

□ **도서관**：図書館

□ **컴퓨터**：コンピューター

□ **학생 식당**：学生食堂、学食　発 **[학쌩 식땅]**

□ **맛있어요**：おいしいです。語尾を上げて言うと**맛있어요?**（おいしいですか？）と質問する表現になる。発 **[마시써요]**

□ **카레**：カレー

□ **라면**：ラーメン

コラム スプーンと箸

韓国では食事の際にスプーンが頻繁に使われます。箸はおかずを取るときだけ使い、ご飯はもちろん韓国の伝統的なスープやチゲもスプーンで食べます。スプーンは**숟가락[숟까락]**、箸は**젓가락[절까락]**と言います。

そして日本では箸を横に置きますが、韓国ではスプーンと箸を縦に置きます。韓国料理を食べるときは韓国人になった気持ちで、**숟가락**を使ってご飯やスープを食べてみましょう。

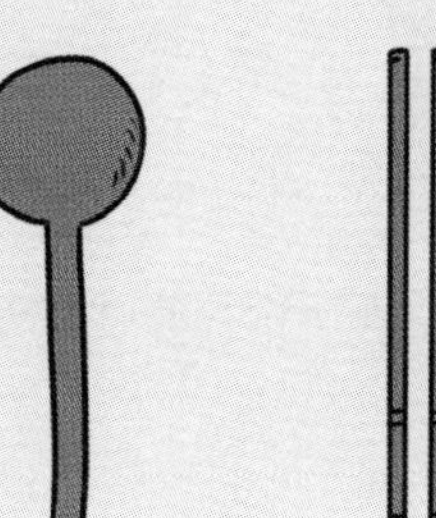

プラスα

位置を表す表現 098

位置を尋ねたり、答えたりする表現を学びましょう。位置を尋ねる際は、**어디**（どこ）という疑問詞を使った次の表現をよく使います。

어디에 있어요? どこにありますか？

어디예요? どこですか？

それに対して答えるときに使う、位置を表す単語です。

앞 前 	뒤 後ろ 	위 上 	밑、아래* 下 
옆 横、となり 	안 中 	밖 外 	맞은편 向かい側 
근처 近く 	오른쪽 右 	왼쪽 左 	

＊**밑**は「一番下の部分や真下」、**아래**は「下の方向や空間」を表すときに使います。

また、「～の」を表す助詞の~**의**は、位置を表す表現では省略するのが自然な言い方です。

학교의 맞은편 → 학교 맞은편 学校の向かい側

건물의 뒤 → 건물 뒤 建物の後ろ

가방의 안 → 가방 안 かばんの中

確認問題 下線部に正しい韓国語を入れて文を完成させましょう。 099

(1) A：**책은 ＿＿＿＿＿＿ 있어요?** 本はどこにありますか?

B：**의자 ＿＿＿＿＿＿ 있어요.** 椅子の下にあります。

(2) A：**화장실은 ＿＿＿＿＿＿ 있어요?** トイレはどこにありますか?

B：**식당 ＿＿＿＿ 있어요.** 食堂の外にあります。

(3) A：**＿＿＿＿＿＿ 편의점이 있어요?**
近くにコンビニがありますか?

B：**네, 역 ＿＿＿＿ 있어요.**
はい、駅前にあります。

(4) A：**맥주는 어디에 있어요?** ビールはどこにありますか?

B：**냉장고 ＿＿＿＿ 있어요.** 冷蔵庫の中にあります。

(5) A：**병원은 회사 ＿＿＿＿ 있어요?** 病院は会社の横にありますか?

B：**아뇨. 회사 ＿＿＿＿＿＿ 있어요.**
いいえ。会社の向かい側にあります。

復習ドリル①

1〜4課で学んだことを確認します。

問題 1 次の音声を聞いて韓国語を書き、日本語で意味を言ってみましょう。(聞き取り)

(1) ________________ 100

(2) ________________ 101

(3) ________________ 102

(4) ________________ 103

(5) ________________ 104

問題 2 例のように自己紹介を書いて、実際に話してみましょう。(スピーキング)
105

例) 안녕하세요? 저는 박은주라고 합니다. 한국 사람입니다.
대학생입니다. 반갑습니다.

◎自己紹介

問題 3 下線部の韓国語が間違っています。正しく直しましょう。(語彙・文法)
106

(1) 저거 사람은 누구입니까? → ________________
あの人は誰ですか?

(2) 오늘은 생일이 아닙니다. → ________________
今日は誕生日ではありません。

(3) **토마토는 야채에요? 과일이에요?** → ＿＿＿＿＿＿＿＿
トマトは野菜ですか？ 果物ですか？

(4) **김 씨는 간호사입니까?** → ＿＿＿＿＿＿＿＿
(김철수さん本人に向かって)キムさんは看護師ですか？

問題 4 次の文を読んで、問いに韓国語で答えなさい。(読解、ライティング) 107

> **여기는 교실입니다. 교실 안에 책상과 의자가 있습니다.**
> **컴퓨터는 없습니다. 컴퓨터는 도서관에 있습니다.**
> **교실 밖에는 화장실이 있습니다.**

(1) **여기는 어디예요?** → ＿＿＿＿＿＿＿＿

(2) **교실 안에 뭐가 있어요?** → ＿＿＿＿＿＿＿＿

(3) **컴퓨터는 어디에 있어요?** → ＿＿＿＿＿＿＿＿

(4) **화장실은 어디에 있어요?** → ＿＿＿＿＿＿＿＿

問題 5 (　)の中に入る正しい助詞を選びましょう。(語彙・文法) 108

(1) **아들 이름은 브라이언(이라고/라고) 해요.**
息子の名前はブライアンと言います。

(2) **카레(과/와) 라면이 맛있어요.**
カレーとラーメンがおいしいです。

(3) **여기는 식당(가/이) 아닙니다.**
ここは食堂ではありません。

(4) **학교(에/의) 도서관이 있어요.**
学校に図書館があります。

第5課を始める前に

日本語が「行く、行きます、行きました」となるのと同じように韓国語も**活用**があります。韓国語の活用が次の課から始まります。活用を学ぶのに必要となる基本的な文法用語を整理しておきましょう。

《体言》

用言と違って活用しない品詞グループ。名詞、代名詞、数詞などがあります。

친구입니다. 友達です。

어디예요? どこですか？

집에 마당이 있어요. 家に庭があります。

《用言》

動詞、形容詞、存在詞、指定詞のような、活用する品詞のグループ。韓国語の用言の原形（辞書形）は全て**-다**で終わります。

- **動詞**

먹다 食べる　　**가다** 行く

- **形容詞**

예쁘다 きれいだ　　**작다** 小さい

- **指定詞**

이다 ～だ、～である　　**아니다** ～ではない

＊名詞の後に付いて「～だ、～である（肯定）」や「～ではない（否定）」を意味する品詞で、**이다**（肯定）と**아니다**（否定）の二つ。否定の場合は～**이/가**を用いて～**이/가 아니다**と言う。

例）**회사이다**（会社だ）、**학생이다**（学生である）、**선생님이 아니다**（先生ではない）、**여기가 아니다**（ここではない）

・存在詞

있다 ある·いる　　**없다** ない·いない

＊形容詞の中には**재미있다**(面白い)、**멋있다**(かっこいい)、**맛없다**(おいしくない)のように**있다**、**없다**が付いている語があり、存在詞と同じ活用をします。

《語幹》

用言の原形から**다**を除いた部分を**語幹**と言います。語幹に**語尾**を付けることで活用させます。語幹の最後の文字を**語幹末**と言います。

입다 着る　　**입**が語幹で語幹末

기다리다 待つ　　**기다리**が語幹で**리**が語幹末

만들다 作る　　**만들**が語幹で**들**が語幹末

また、語幹末の種類によって付ける語尾が変わることがあるので、種類を見極めることが重要です。語幹末の種類は下記の通りです。

・子音語幹 → 語幹末にパッチムがある

작다 小さい　　**있다** ある·いる

・母音語幹 → 語幹末にパッチムがない

가다 行く　　**마시다** 飲む

・ㄹ(리을)語幹 → 語幹末がㄹパッチム

만들다 作る　　**놀다** 遊ぶ

・陽母音語幹 → 語幹末の母音が陽母音(ㅏ、ㅑ、ㅗ)

살다 住む　　**오다** 来る

・陰母音語幹 → 語幹末の母音が陰母音(ㅏ、ㅑ、ㅗ以外)

먹다 食べる　　**배우다** 習う

第5課 학교에 갑니까?

学校に行きますか？

この課の学習ポイント

① 합니다(ハムニダ)体の語尾 -습니다/ㅂ니다　です・ます形

② ～을/를　～を

③ -고　～して、～て(並列)

学習ポイント①

韓国語の丁寧表現(です・ます形)には**합니다**体と**해요**(ヘヨ)体があります。**합니다**体と**해요**体は意味は同じですが、**합니다**体の方がやや硬くてかしこまったニュアンスがあります。

합니다体は、用言の語幹(**다**を取った残りの部分)の種類によって次の語尾を付けて作ります。

109

子音語幹(語幹末にパッチムがある)**＋-습니다、-습니까?**

먹다　食べる　**먹＋-습니다　→먹습니다**　食べます

먹＋-습니까?→먹습니까?　食べますか？

母音語幹(語幹末にパッチムがない)**＋-ㅂ니다、-ㅂ니까?**

가다　行く　**가＋-ㅂ니다　→갑니다**　行きます

가＋-ㅂ니까?→갑니까?　行きますか？

ㄹ語幹（語幹末にㄹパッチムがある：ㄹを取って）**＋-ㅂ니다、-ㅂ니까?**

알다 分かる **알→아＋-ㅂ니다**
→압니다 分かります

알→아＋-ㅂ니까?
→압니까? 分かりますか？

名詞に指定詞**이다**を付けると「(名詞)だ」という表現になりますが、その**합니다**体は～**입니다**、～**입니까?**（P.047参照）です。

볼펜이다 ボールペンだ → **볼펜입니다.** ボールペンです。

시계이다 時計だ → **시계입니까?** 時計ですか？

確認問題 次の韓国語を日本語訳にあった**합니다**体に変えましょう。 110

(1) **그건 재미없다** それはつまらない → **그건** ＿＿＿＿＿＿＿＿.
それはつまらないです。

(2) **방이 크다** 部屋が大きい → **방이** ＿＿＿＿＿＿＿＿?
部屋が大きいですか？

(3) **역은 멀다** 駅は遠い → **역은** ＿＿＿＿＿＿＿＿?
駅は遠いですか？

(4) **같이 만들다** 一緒に作る → **같이** ＿＿＿＿＿＿＿＿.
一緒に作ります。

(5) **이 책이다** この本だ → **이** ＿＿＿＿＿＿＿＿.
この本です。

学習ポイント②

~을/를　~を

「～を」に当たる助詞です。前の単語末にパッチムがあれば**을**、パッチムがなければ**를**を付けます。

111

물을 마시다　水を飲む

메뉴를 보다　メニューを見る

確認問題　与えられた単語と～**을/를**を使って、日本語を**합니다**体で終わる韓国語に訳しましょう。　112

(1) **영화** 映画、**보다** 見る

→ ______________________ 映画を見ます。

(2) **밥** ご飯、**먹다** 食べる

→ ______________________ ご飯を食べますか？

(3) **이야기** 話、**듣다** 聞く

→ ______________________ 話を聞きます。

(4) **책** 本、**읽다** 読む

→ ______________________ 本を読みます。

(5) **빨래** 洗濯、**하다** する

→ ______________________ 洗濯をしますか？

(6) **문** ドア、**열다** 開ける

→ ______________________ ドアを開けます。

学習ポイント③

-고　~して、~て(並列)

用言の語幹に**-고**を付けると前後の文を並列の意味でつなげることができます。日本語と似たような仕組みなので比べながら覚えましょう。

113

〈日本語〉 **食べる + 寝る → 食べて寝る**

〈韓国語〉 **먹다 + 자다 → 먹고 자다**

〈日本語〉 **小さい + かわいい → 小さくてかわいい**

〈韓国語〉 **작다 + 귀엽다 → 작고 귀엽다**

与えられた単語と**-고**を使って**합니다**体で終わる文を完成させましょう。 114

(1) **듣다** 聞く、**따라 하다** 後について言う

→ ________________

(2) **청소를 하다** 掃除をする、**쉬다** 休む

→ ________________

(3) **싸다** 安い、**맛있다** おいしい

→ ________________

(4) **키가 크다** 背が高い、**멋있다** かっこいい

→ ________________

정훈 : 미키 씨, 오늘 학교에 **갑니까?**

미키 : 네, **갑니다.**

오전에 학교에서 수업이 **있습니다.**

정훈 : 오후에도 학교에 **갑니까?**

미키 : 아뇨, 오전에 수업을 듣고 오후에는 고향에 **갑니다.**

정훈 : 미키 씨 고향은 어디예요?

미키 : 시즈오카현**입니다.**

정훈 : 시즈오카현 **압니다.**

제 친구가 시모다에 **삽니다.**

この課の単語と表現 116

□ **오늘**：今日

□ **학교**：学校　発 [학꾜]

□ **갑니까?**：行きますか？　**가다**(行く)の**합니다**体。発 [감니까]

□ **갑니다**：行きます。**가다**の**합니다**体。発 [감니다]

□ **오전**：午前

□ **수업**：授業

□ **있습니다**：あります。**있다**(ある・いる)の**합니다**体。発 [읻씀니다]

□ **오후**：午後

□ **~에도**：～にも。助詞～**에**(～に、P.064参照)＋～**도**(～も、P.057参照)を組み合わせたもの。

□ **듣고**：聞いて。**듣다**(聞く)に-**고**が付いた形。発 [듣꼬]

□ **고향**：故郷

□ **현**：県

□ **압니다**：分かります、知っています。**알다**(分かる、知る／ㄹ語幹)の**합니다**体。
発 [암니다]

□ **친구**：友達

□ **삽니다**：住んでいます。**살다**(住む、暮らす、生きる／ㄹ語幹)の**합니다**体。
発 [삼니다]

日常生活に関する表現 117

일어나다
起きる

세수하다
顔を洗う

도시락을 싸다
弁当を作る

이를 닦다/양치질하다
歯を磨く／歯磨きする

출근하다
出勤する

일하다
働く

전화를 하다/걸다
電話をする/かける

수업을 받다、듣다
授業を受ける

친구를 만나다
友達に会う
*「〜に会う」の「〜に」は助詞の~을/를を使う。

퇴근하다
退勤する

전철을/버스를/차를 타다
電車に/バスに/車に乗る
*「〜に乗る」の「〜に」は助詞の~을/를を使う。

집에 가다
家に帰る

빨래를 하다
洗濯をする

청소를 하다
掃除をする

장을 보다
買い物をする

샤워를 하다
シャワーを浴びる

자다
寝る

第3章
本編 ● 第5課

第6課 내일 뭐 해요?

明日何しますか？

この課の学習ポイント

① 해(ヘヨ)요体の語尾 -아요/어요 です·ます形
② ~에서 ~で(場所)
③ ~으로/로 ~へ、~に(方向)

学習ポイント①

해요体は**합니다**体より柔らかく打ち解けたニュアンスがあり、日常会話でよく使われます。**해요**体は、用言の語幹の種類によって次の語尾を付けて作ります。

陽母音語幹(語幹末の母音がㅏ、ㅑ、ㅗ) **+ -아요**

陰母音語幹(語幹末の母音がㅏ、ㅑ、ㅗ以外) **+ -어요**

上のルールに基づいて、さらに語幹末のタイプによってさまざまな変化が起こります。

118

タイプ1) 子音語幹、一部の母音語幹(そのまま付く)

많다 多い → **많+-아요** → **많아요** 多いです
적다 少ない → **적+-어요** → **적어요** 少ないです

タイプ2) 母音語幹で語幹末が母音ㅏ、ㅓ(同じ母音を一つにする)

비싸다 高い → **비싸+-아요** → **비싸요** 高いです
서다 立つ → **서+-어요** → **서요** 立ちます

タイプ3）　母音語幹で語幹末が母音ㅗ、ㅜ、ㅣ（母音を合体させる）

오다 来る　　→ **오+-아요** → **와요** 来ます

배우다 習う　→ **배우+-어요** → **배워요** 習います

마시다 飲む　→ **마시+-어요** → **마셔요** 飲みます

タイプ4）　そのまま覚えるタイプ

하다 する　　→ **해요** します

＊**운동하다**（運動する）、**빨래하다**（洗濯する）など動詞以外にも、**따뜻하다**（暖かい）、**필요하다**（必要だ）など、**하다**で終わる用言を**하다**用言と言います。

내다 出す　　→ **내요** 出します

되다 なる　　→ **돼요** なります

＊**되**と**돼**は、表記は異なるが発音は同じ。
＊～**이/가 되다**で「～になる」という意味になります。**친구가 되다**（友達になる）、**내일이 되다**（明日になる）のように、助詞に～**이/가**（～が）を使うことに注意しましょう。

名詞に指定詞**이다**を付けると「（名詞）だ」という表現になりますが、その**해요**体は～**이에요/예요**です（P.048参照）。

선생님이다 先生だ → **선생님이에요** 先生です

아버지이다 父だ → **아버지예요** 父です

해요体は、言い方のニュアンスを変えるだけで、同じ形でも平叙文だけでなく疑問文、勧誘文、命令文も表せるのでとても便利です。ここでは文末のイントネーションを上げると疑問文になることを覚えておきましょう。

가요 行きます（平叙文）、行きましょう（勧誘文）、行ってください（命令文）

가요? 行きますか？（疑問文）

確認問題　例のように**합니다**体、**해요**体を完成させましょう。　119

原形	합니다体	해요体
例) **작다**　小さい	**작습니다**　小さいです	**작아요**
(1) **맛있다**　おいしい		
(2) **만나다**　会う		
(3) **보다**　見る		
(4) **외우다**　覚える		
(5) **열다**　開ける		
(6) **다니다**　通う		
(7) **지각하다**　遅刻する		
(8) **하나가 되다** 一つになる		
(9) **일본 사람이다** 日本人だ		
(10) **남자 친구이다** 彼氏だ		

学習ポイント②

～에서　～で(場所)

行動が行われる場所を表す「～で」に当たる助詞です。**여기**、**거기**、**저기**、**어디**に**～에서**が付いた場合は**여기서**、**거기서**、**저기서**、**어디서**のように短く言うことも可能です。

120

공원에서 놀아요.　公園で遊びます。

여기서 마셔요.　ここで飲みます。

確認問題　下線部に正しい韓国語を入れましょう。用言は［　　　］の中から選び**해요**体にして入れましょう。 121

기다리다 待つ	**읽다** 読む	**사다** 買う	**만들다** 作る

(1) **역**______ **전철**____ __________. 駅で電車を待ちます。

(2) **도서관**______ **책**____ __________. 図書館で本を読みます。

(3) **그 가방**____ **어디**____ ________? そのかばんはどこで買いますか？

(4) **부엌**______ **요리**____ __________. 台所で料理を作ります。

学習ポイント③

~으로/로　~へ、~に(方向)

方向を表す助詞です。直前の文字にㄹ以外のパッチムがあるときは**으로**、ないときとㄹパッチムのときは**로**を付けます。

122

부산으로 출발해요. 釜山へ出発します。

어디로 가요? どこへ行きますか？

서울로 가요. ソウルへ行きます。

次の例文で、正しい助詞を選びましょう。 123

(1) **학교(으로/로) 가요? 집(으로/로) 가요?**
学校へ行きますか？ 家へ行きますか？

(2) **교실(으로/로) 옵니다.** 教室に来ます。

第3章
本編 第6課

이즈미: 소영 씨, 주말에 뭐 **해요?**

소영　: 내일은 집**에서 쉬어요.**

일요일은 언니하고 영화를 **봐요.**

이즈미: 저는 전주로 여행을 **가요.**

전주는 처음**이에요.**

소영　: 거기는 한옥 마을도 있고 음식이 정말 **맛있어요.**

특히 비빔밥이랑 콩나물국밥이 **유명해요.**

이즈미: **고마워요.** 정말 **기대돼요.**

\\ この課の単語と表現 // 125

□ **주말**：週末

□ **해요?**：しますか？　**하다**(する)の**해요**体。

□ **내일**：明日

□ **쉬어요**：休みます。**쉬다**(休む)の**해요**体。

□ **일요일**：日曜日　発 **[이료일]**

□ **언니**：(女性から見た)お姉さん

□ **영화**：映画

□ **봐요**：見ます。**보다**(見る)の**해요**体。

□ **전주**：全州。韓国の全羅北道にある地名。

□ **여행**：旅行。**여행을 가다**(旅行に行く)のように、助詞に~**을**(~を)を使うので注意。

□ **가요**：行きます。**가다**(行く)の**해요**体。

□ **처음**：初めて、最初

□ **한옥 마을**：韓屋村。韓国の伝統的な家屋が立ち並ぶ場所。発 **[하농 마을]**

□ **있고**：あって。**있다**(ある・いる)に**-고**(P.085参照)が付いた形。発 **[읻꼬]**

□ **음식**：食べ物

□ **정말**：本当に

□ **맛있어요**：おいしいです。**맛있다**(おいしい)の**해요**体。発 **[마시써요]**

□ **특히**：特に　発 **[트키]**

□ **비빔밥**：ビビンバ　発 **[비빔빱]**、この本で学んだ濃音化のルールではない、例外的な濃音化。

□ **콩나물국밥**：豆もやしのクッパ　発 **[콩나물국빱]**

□ **유명해요**：有名です。**유명하다**(有名だ)の**해요**体。

□ **고마워요**：ありがとうございます。**고맙다**(ありがたい)の**해요**体だが変則的に**고마워요**になる。

□ **기대돼요**：楽しみです。**기대되다**(楽しみだ)の**해요**体。

プラスα

代名詞

代名詞は、人や物・方向・場所などを示す際に使う語です。**여기**、**거기**、**저기**(P.072参照)、**뭐**(P.064参照)なども代名詞です。ここでは人を示す代名詞を中心に、代表的な代名詞に助詞を付けた形で見ていきましょう。なお、人を表す代名詞は丁寧な言い方と、友達同士などで使われるくだけた言い方があります。
＊(　)内は縮約形で、主に会話で使われる。

126

私	丁寧な表現 **저**	くだけた表現 **나**
~은/는 ~は	**저는(전)**	**나는(난)**
~이/가 ~が	**제가**	**내가**
~의 ~の	**저의(제)**	**나의(내)**
~을/를 ~を	**저를(절)**	**나를(날)**

127

あなた、君	丁寧な表現 **당신**	くだけた表現 **너**
~은/는 ~は	**당신은**	**너는(넌)**
~이/가 ~が	**당신이**	**네가、니가**
~의 ~の	**당신의**	**너의(네、니)**
~을/를 ~を	**당신을**	**너를(널)**

＊**네가**(あなたが)と**네**(あなたの)は特に会話において**니가**、**니**と発音することが多い。また、**네가**を**너가**、**네**を**너**とするのは間違いであるため注意。

128

私たち	丁寧な表現	くだけた表現
	저희	**우리**
~은/는　~は	저희는(저흰)	우리는(우린)
~이/가　~が	저희가	우리가
~의　~の	저희	우리
~을/를　~を	저희를(저힐)	우리를(우릴)

＊**저희**の発音は**[저이]**となる(P.025参照)。

＊**우리**は聞き手を含んだ「私たち」を表すことができますが、**저희**はできません。
例)**우리도 가요**　私たちも行きましょう　(× **저희도 가요**)

129

誰	누구
~이/가　~が	누가
~의　~の	누구
~을/를　~を	누구를(누굴)

130

何	무엇(뭐)
~이/가　~が	무엇이(뭐가)
~을/를　~を	무엇을(뭘)

第7課 영어보다 어렵지 않아요.

英語より難しくありません。

この課の学習ポイント

① 否定形 안、-지 않다

② -지만 ～するが、～だが(逆接)

学習ポイント①

「～しない、～くない」のような用言の否定形の作り方は以下の2通りがあります。

パターン1) **안** + 用言

パターン2) **-지 않다**

パターン1は、用言の前に**안**を付けるだけです。パターン2は用言の語幹に**-지 않다**を付けます。

합니다体、**해요**体にするにはパターン1は用言を活用させ、パターン2は**않다**の部分を活用させます。

131

原形	否定形	否定形の합니다体と해요体
가다 行く	**안 가다** **가지 않다** 行かない	**안 갑니다、안 가요** **가지 않습니다、가지 않아요** 行きません
비싸다 高い	**안 비싸다** **비싸지 않다** 高くない	**안 비쌉니다、안 비싸요** **비싸지 않습니다、비싸지 않아요** 高くありません

ただし「名詞＋**하다**」から成る動詞の否定形は、「**안**＋〈名詞〉**하다**」ではなく「〈名詞〉＋**안 하다**」となります。例えば、**공부하다**（勉強する）、**청소하다**（掃除する）、**빨래하다**（洗濯する）、**약속하다**（約束する）、**일하다**（仕事する）、**말하다**（言う）などの動詞がありますが、全て名詞と**하다**の間に**안**を挟みます。

132

原形	否定形	否定形の**합니다**体と**해요**体
공부하다 勉強する	**공부 안 하다** ×안 공부하다 **공부하지 않다** 勉強しない	**공부 안 합니다、공부 안 해요** **공부하지 않습니다、** **공부하지 않아요** 勉強しません
청소하다 掃除する	**청소 안 하다** ×안 청소하다 **청소하지 않다** 掃除しない	**청소 안 합니다、청소 안 해요** **청소하지 않습니다、** **청소하지 않아요** 掃除しません

また、存在詞**있다**の否定形は**없다**、形容詞○○**있다**の否定形は○○**없다**です。

＊**안**や**-지 않다**と言うこともある。

133

있다　いる・ある　→ **없다**　いない・ない
→ **없습니다、 없어요**　いません・ありません

재미있다　面白い → **재미없다**　つまらない
→ **재미없습니다、 재미없어요**
面白くないです

맛있다　おいしい → **맛없다**　まずい
→ **맛없습니다、 맛없어요**
おいしくないです

＊**맛없습니다、맛없어요**の発音は［**마덥씁니다**］［**마덥써요**］になるので注意。

例のように否定形、否定形の**해요**体を完成させましょう。その際＊の単語に注意しましょう。

134

原形	否定形	否定形の해요体
例) **오다** 来る	**안 오다** **오지 않다** 来ない	**안 와요** **오지 않아요** 来ません
(1) **먹다** 食べる	**안 먹다** ________ 食べない	________ **먹지 않아요** 食べません
(2) **입다** 着る	________ ________ 着ない	________ ________ 着ません
(3) **재미있다**＊ 面白い	________ つまらない	________ つまらないです
(4) **빨래하다**＊ 洗濯する	________ ________ 洗濯しない	________ ________ 洗濯しません
(5) **말하다**＊ 言う	________ ________ 言わない	________ ________ 言いません

学習ポイント②

-지만　～するが、～だが

逆接の表現です。用言の語幹に**-지만**を付けます。名詞の場合は、直前の単語末にパッチムがある場合は～**이지만**が、パッチムがない場合は～**지만**が付きます。

앉다 座る → **앉지만** 座るが

싸다 安い → **싸지만** 安いが

회사원이다 会社員だ → **회사원이지만** 会社員だが

確認問題　与えられた二つの文を**-지만**を使って一つにし、文末は**합니다**体にしましょう。 136

例）**오늘은 학교에 가다** 今日は学校に行く、**내일은 안 가다** 明日は行かない

→ 오늘은 학교에 가지만 내일은 안 갑니다.

今日は学校に行きますが、明日は行きません。

(1) **남동생은 있다** 弟はいる、**오빠는 없다** 兄はいない

→ ＿＿＿＿＿＿＿＿

(2) **맥주는 마시다** ビールは飲む、**소주는 안 마시다** 焼酎は飲まない

→ ＿＿＿＿＿＿＿＿

(3) **이름은 모르다** 名前は知らない、**얼굴은 알다** 顔は知っている

→ ＿＿＿＿＿＿＿＿

(4) **일요일이다** 日曜日だ、**회사에 가다** 会社に行く

→ ＿＿＿＿＿＿＿＿

성만 : 미유 씨, 에이미 씨, 한국어 공부 어때요?

미유 : 어려워요.
하지만 영어보다 어렵지 않아요.

에이미: 저는 한국어가 영어보다 훨씬 어려워요.

성만 : 저는 일어는 그렇게 안 어렵지만
영어는 어려워요.

미유 : 우리 모두 외국어 공부 열심히 해요.

この課の単語と表現 138

□ **공부**：勉強

□ **어때요?**：どうですか？、いかがですか？

□ **어려워요**：難しいです。原形は**어렵다**(難しい)で、**해요**体になると変則的に活用するものの一つ。

□ **영어**：英語

□ **~보다**：～より。比較を表す助詞。

□ **어렵지 않아요**：難しくありません。**어렵다**に**-지 않다**が付いた**어렵지 않다**の**해요**体。発 **[어렵찌 아나요]**

□ **훨씬**：はるかに

□ **일어**：日本語。**일본어[일보너]**とも言う。発 **[이러]**

□ **그렇게**：それほど、そんなに(P.141参照) 発 **[그러케]**

□ **안 어렵지만**：難しくありませんが。**어렵다**に否定形**안**が付いた**안 어렵다**に、**-지만**が付いた形。発 **[아 너렵찌만]**

□ **모두**：みんな、全て

□ **외국어**：外国語 発 **[외구거]**

□ **열심히**：一生懸命 発 **[열씨미]**、この本で学んだ濃音化のルールではない、例外的な濃音化。

□ **해요**：やりましょう。**하다**の**해요**体(勧誘)。

우리의 몸(私たちの体) 139

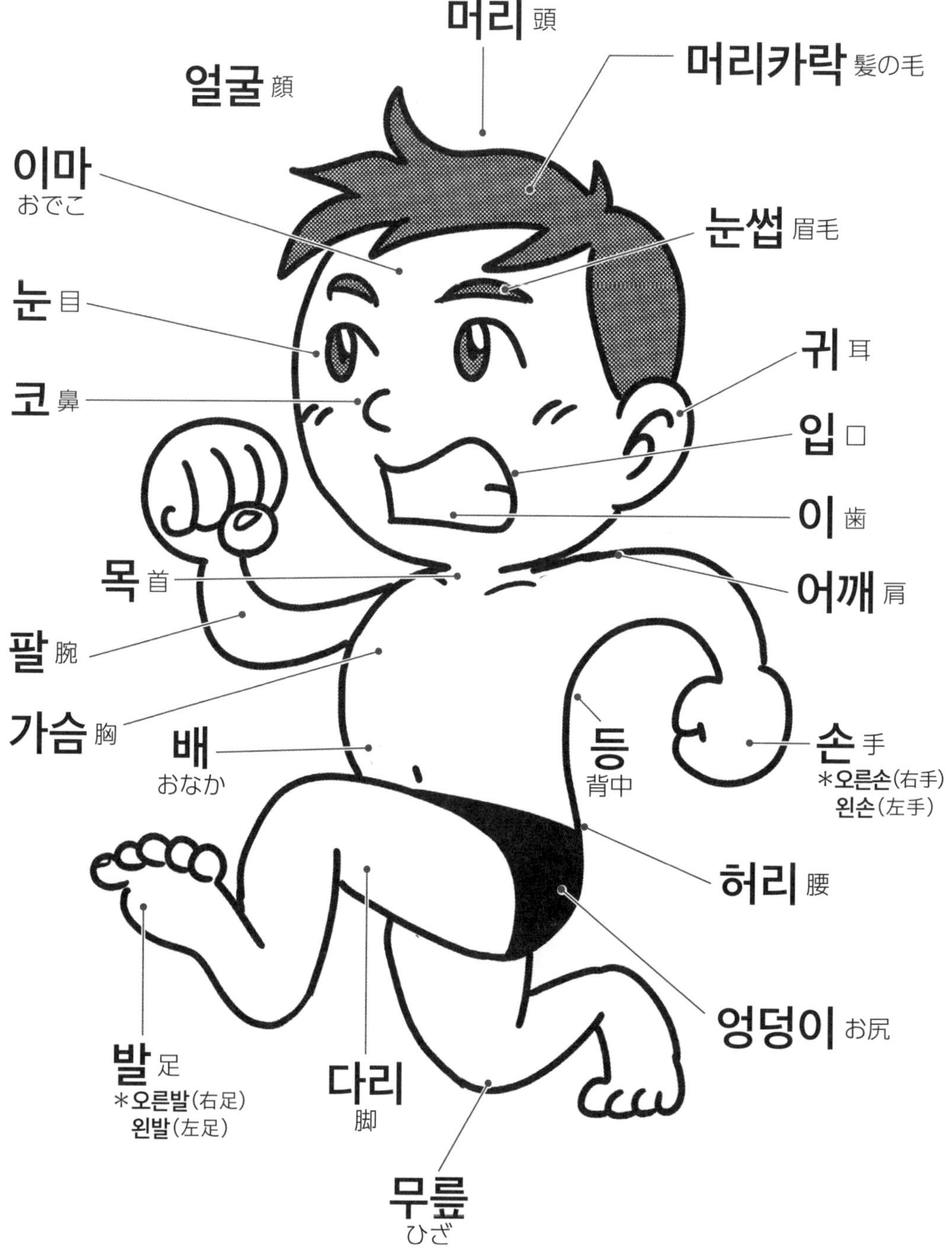

こんなふうに言ってみましょう

どこが「痛い/大きい/小さい/きれい/長い」など、下線部に書いてみましょう。

____________________ 이/가 아픕니다. ○○が痛いです。

____________________ 이/가 큽니다. ○○が大きいです。

____________________ 이/가 작습니다. ○○が小さいです。

____________________ 이/가 예쁩니다. ○○がきれいです。

____________________ 이/가 깁니다. ○○が長いです。

確認問題 与えられた用言を使って、**합니다**体で終わる文章を作りましょう。

140

쓰다 使う	**길다** 長い	**넓다** 広い	**좁다** 狭い

(1) **저는 오른손을** __________ **친구는 왼손을** __________.
私は右手を使って、友達は左手を使います。

(2) **여자 친구는 머리카락이** __________.
彼女は髪の毛が長いです。

(3) **제 이마는** __________.
私のおでこは広いです。

(4) **눈썹 사이가** __________.
まゆげの間が狭いです。

復習ドリル②

5〜7課で学んだことを確認します。

問題 1 次の音声を聞いて韓国語を書き、日本語で意味を言ってみましょう。(聞き取り)

(1) ＿＿＿＿＿＿＿＿＿＿＿＿＿＿ 141

(2) ＿＿＿＿＿＿＿＿＿＿＿＿＿＿ 142

(3) ＿＿＿＿＿＿＿＿＿＿＿＿＿＿ 143

(4) ＿＿＿＿＿＿＿＿＿＿＿＿＿＿ 144

(5) ＿＿＿＿＿＿＿＿＿＿＿＿＿＿ 145

問題 2 下線部の韓国語が間違っています。正しく直しましょう。(語彙・文法) 146

(1) 문을 열습니다. → ＿＿＿＿＿＿
ドアを開けます。

(2) 맥주는 마셔지만 소주는 안 마십니다. → ＿＿＿＿＿＿
ビールは飲みますが、焼酎は飲みません。

(3) 정말 기대되요. → ＿＿＿＿＿＿
本当に楽しみです。

(4) 저는 안 말합니다. → ＿＿＿＿＿＿
私は言いません。

(5) 작다고 귀엽습니다. → ＿＿＿＿＿＿
小さくてかわいいです。

問題 3 （　）の中に入る正しい助詞を選びましょう。（語彙・文法） 147

(1) **하나(이/가/에) 돼요.** 一つになります。

(2) **공원(에/에서/으로) 놀아요.** 公園で遊びます。

(3) **서울(로/에/에서) 출발해요.** ソウルへ出発します。

(4) **여행(에/을/를) 가요.** 旅行に行きます。

(5) **여기(는/서/에) 마셔요.** ここで飲みます。

問題 4 与えられた表現を日本語に訳し、**합니다**体は**해요**体に、**해요**体は**합니다**体に変えましょう。（文法） 148

例) **집에서 쉬어요.**
日本語訳：家で休みます。 **합니다**体：**집에서 쉽니다.**

(1) **내일 옵니다.**
日本語訳：＿＿＿＿＿＿ **해요**体：＿＿＿＿＿＿

(2) **후쿠오카에 살아요.**
日本語訳：＿＿＿＿＿＿ **합니다**体：＿＿＿＿＿＿

(3) **저 책입니까?**
日本語訳：＿＿＿＿＿＿ **해요**体：＿＿＿＿＿＿

(4) **그건 재미없어요.**
日本語訳：＿＿＿＿＿＿ **합니다**体：＿＿＿＿＿＿

(5) **오후에 출발합니다.**
日本語訳：＿＿＿＿＿＿ **해요**体：＿＿＿＿＿＿

第8課 얼마예요?

いくらですか？

この課の学習ポイント

① 漢数詞
② 年月日、数の尋ね方
③ 주세요 下さい、-아/어 주세요 ～してください

学習ポイント①

日本語にも漢数詞「いち、に、さん、し」と固有数詞「ひ、ふ、み、よ」があるように韓国語も漢数詞と固有数詞があります。この課では漢数詞について学習します。

◎漢数字 149

일	이	삼	사	오	육	칠	팔	구	십
1	2	3	4	5	6	7	8	9	10
백	천	만	억	조	영/공				
百	千	万	億	兆	0				

63 **육십삼**

158 **백오십팔**

7,500,000 **칠백오십만**

・「0」を表す漢数詞は**영**(零)と**공**(空)がありますが、**공**は**영**よりカジュアルな言い方で、特に電話番号を言うときは**공**を使います。
・1万は**일만**と言わずに**만**と言います。
18,000 **만 팔천** (× **일만 팔천**)

なお、単独で使われる「6」は[육]と読みますが、「16」など前に他の位が来た場合は[뉵]と読みます(P.040「ㄴ挿入」参照)。[뉵]と読まれることで、鼻音化も起こるので発音に注意しましょう。

150

26 **이십육 → [이십뉵] → [이심뉵]**

106 **백육 → [백뉵] → [뱅뉵]**

◎漢数詞に付く助数詞の例 151

助数詞とは、数を表す語の後ろに付けて、単位を表す語です。数字をハングルで書いた場合、その数字と助数詞は1字空けて書きます。

분 分	**층** 階	**번** 番	**원** ウォン	**인분** 人前	**도** 度	**과** 課
학년 年生	**교시** (授業の)限目	**센티(미터)** センチ(メートル)	**킬로(그램)** キロ(グラム)			

確認問題 数字を漢数詞のハングル表記に変え、助数詞が必要な文はそれも書きましょう。 152

(1) ______________________ 6,781,205

(2) ______________________ 17,000ウォン

(3) **오늘은 ________ 수업이 없어요.** 今日は1限目の授業がありません。

(4) **화장실은 ________ 이에요.** トイレは24階です。

(5) **키가 ________ 입니다.** 身長が175センチです。

(6) **오늘은 ________ 예요.** 今日は31度です。

(7) ________ **를 공부해요.** 8課を勉強します。

(8) **지금 대학교 ________ 이에요.** 今、大学1年生です。

学習ポイント②

◎年、月、日、カ月の言い方 153

漢数詞に**년**(年)、**월**(月)、**일**(日)、**개월**(カ月)を付けます。1～12月は表のように言います。6月と10月はそれぞれ**육월**、**십월**ではなく、**유월**、**시월**と言うので注意しましょう。

년 年	**월** 月	**일** 日	**개월** カ月

일월 1月	**이월** 2月	**삼월** 3月	**사월** 4月	**오월** 5月	**유월*** 6月
칠월 7月	**팔월** 8月	**구월** 9月	**시월*** 10月	**십일월** 11月	**십이월** 12月

◎数の尋ね方 154

「いくつ」なのかを聞くときは**몇**を使います。

몇 번이에요? 何番ですか？

몇 층입니까? 何階ですか？

몇 년 何年

몇 월 何月 ＊発音は[**며 둴**]

며칠 何日 ＊「何日」は**몇 일**ではなく**며칠**。

確認問題 下線部に正しい韓国語を入れましょう。数字は漢数詞のハングル表記に変えて書きましょう。 155

(1) A：**내년은 ＿＿＿＿이에요?** 来年は何年ですか？

B：**＿＿＿＿＿＿＿＿이에요.** 2028年です。

(2) A：**생일이 ＿＿＿＿ ＿＿＿＿이에요?** 誕生日は何月何日ですか？

B：**＿＿＿＿ ＿＿＿＿＿＿이에요.** 6月21日です。

(3) A：**100만 원은 ＿＿＿ 달러예요?** 100万ウォンは何ドルですか？

B：**＿＿＿＿＿＿＿＿ 달러 정도입니다.** 750ドル程度です。

学習ポイント③

주세요　下さい
-아/어 주세요　～してください

依頼の表現です。**주세요**は名詞の後に付けて「○○(を)下さい」です。**-아/어 주세요**は動詞語幹に付けて「～してください」という意味になります。陽母音語幹(語幹末の母音がㅏ、ㅗ)には**-아 주세요**が、陰母音語幹(語幹末の母音がㅏ、ㅗ以外)には**-어 주세요**が付きます。詳しい接続の仕方は第6課「**해요**体」参照(P.090)。

156

숟가락과 젓가락 주세요.　スプーンと箸下さい。

문을 닫아 주세요.　ドアを閉めてください。

창문을 열어 주세요.　窓を開けてください。

부산 시내를 안내해 주세요.　釜山市内を案内してください。

確認問題

与えられた単語をヒントに、韓国語の文を完成させましょう。
157

오다 来る	**말하다** 言う	**떡볶이** トッポッキ	**치우다** 下げる･片付ける

(1) ______________________ 言ってください。

(2) ______________________ トッポッキ、2人前下さい。

(3) ______________________ 明日来てください。

(4) ______________________ これ、下げてください。

第3章 本編 ● 第8課

점원 : 어서 오세요.

인영 : 케이크 좀 **보여 주세요**.

오늘 여동생 생일이에요.

점원 : 그래요? 제 생일도 **10월 16일**이에요.

인영 : 와! 생일 축하합니다.

점원 : 고마워요. 아, 이 딸기 케이크 어때요?

인영 : 너무 예뻐요. 얼마예요?

점원 : **4만 원**이에요.

인영 : 그럼, 이거 **주세요**.

この課の単語と表現 159

□ **어서 오세요**：いらっしゃいませ

□ **케이크**：ケーキ

□ **좀**：ちょっと、少し

□ **보여 주세요**：見せてください。**보이다**(見せる)に**-어 주세요**が付いた形。

□ **생일**：誕生日

□ **10월 16일**：10月16日。ハングル表記にすると**시월 십육 일**。発 **[시월 심뉴 길]**

□ **생일 축하합니다**：お誕生日おめでとうございます。**생일 축하하다**(お誕生日をお祝いする)の**합니다**体。**해요**体は**생일 축하해요**となる。発 **[생일 추카함니다]**

□ **딸기**：イチゴ

□ **너무**：すごく、とても

□ **예뻐요**：かわいいです、きれいです。原形は**예쁘다**(きれいだ)で、**해요**体になると変則的に活用するものの一つ(P.130参照)。

□ **얼마예요?**：いくらですか？。**얼마**は「いくら」を意味する疑問詞。

□ **4만 원**：4万ウォン。ハングル表記にすると**사만 원**。発 **[사마 눤]**

おいしい韓国料理 160

불고기
プルコギ

돼지갈비
豚のカルビ

닭갈비
タッカルビ

삼겹살
サムギョプサル

나물
ナムル

잡채
チャプチェ

김치
キムチ

깍두기
カクテキ

김밥
キムパ

부침개 / 전
チヂミ

떡볶이
トッポッキ

삼계탕
サムゲタン

냉면
冷麵

미역국
ワカメスープ

김치찌개
キムチチゲ

순두부찌개
純豆腐チゲ

飲食店でよく使われる表現 161

어서 오세요. いらっしゃいませ。

A : 몇 분이세요? 何名様でしょうか？

B : 세 명이에요./세 사람이에요. 3名です。／3人です。

A : 몇 인분으로 하시겠어요? 何人前になさいますか？＊**몇 인분**は[**며 딘분**]と発音。

B : 2인분 주세요. 2人前下さい。

A : 계산해 주세요. お会計してください。

B : 다 같이 계산하시겠어요? お会計はご一緒ですか？

A : 네. はい。/**아뇨, 따로따로 계산해 주세요.** いえ、別々に会計してください。

여기요！/저기요！ すみません！

물 (좀) 주세요. 水下さい。

메뉴 (좀) 주세요. メニュー下さい。

여기 (좀) 치워 주세요. ここ、片付けてください。

＊**좀**は「ちょっと」という意味ですが、丁寧にお願いする際は**좀**を付けて言う。

뭐가 맛있어요? 何がおいしいですか？

뭐가 인기가 많아요? 何が人気ありますか？

＊**인기**は[**인끼**]と発音。この本で学んだ濃音化のルールではない、例外的な濃音化。

이거 매워요? これ、辛いですか？

맵게 해 주세요. 辛くしてください。

덜 맵게 해 주세요. それほど辛くしないでください。

안 맵게 해 주세요. 辛くしないでください。

포장해 주세요./싸 주세요. テイクアウトします（包んでください）。

포장 돼요? テイクアウトできますか？

第9課 여동생은 몇 살이에요?

妹は何歳ですか？

この課の学習ポイント

① 固有数詞
② 時間と曜日

学習ポイント①

◎固有数詞 162

하나 (한)	둘 (두)	셋 (세)	넷 (네)	다섯	여섯	일곱	여덟	아홉	열
1	2	3	4	5	6	7	8	9	10
	스물 (스무)	서른	마흔	쉰	예순	일흔	여든	아흔	백
	20	30	40	50	60	70	80	90	100

＊固有数詞に0はなく、100以上は漢数詞を使います。
＊1、2、3、4、20は助数詞が付くと、( )内の形に変わります。ただし、25歳のように助数詞の前にそれ以外の数字が来るときは、**스물다섯 살**と形が変わらないので注意しましょう。

1 **하나**　　1人 **한 사람** (× 하나 사람)

◎固有数詞に付く助数詞の例 163

개	사람	명	마리	살	번
個	人	名	匹、頭、羽	歳	回
잔	그릇	병	권	군데	벌
杯（飲み物）	杯、皿（食べ物）	本（瓶）	冊	カ所	着

＊**번**は漢数詞に付くと番号を、固有数詞に付くと回数を表します。
例）**이 번**（2番）、**두 번**（2回）

確認問題 1　数字を固有数詞のハングル表記に書き換えましょう。 164

(1) **25** ________________　(2) **12** ________________

(3) **51** ________________　(4) **66** ________________

確認問題 2　下線部の韓国語には適切な助数詞を、日本語には正しい数字を入れましょう。 165

(1) **병맥주 두 _____하고 생맥주 다섯 _____ 주세요.**
瓶ビール_____本と生ビール_____杯下さい。

(2) **비빔밥도 한 _______ 시켜요?**
ビビンバも_____杯頼みますか？

(3) **닭이 세 _______ 강아지가 한 _______ 있어요.**
ニワトリが_____羽、子犬が_____匹います。

(4) **책을 네 _____ 읽어요.**
本を_____冊読みます。

(5) **딸은 열여섯 _____이에요.**
娘は_____歳です。

(6) **모두 다섯 _______이에요?**
みんなで_____人ですか？

(7) **교실에 학생이 스무 _____ 있어요.**
教室に学生が_____名います。

(8) **옷을 한 _____ 삽니다.**
洋服を_____着買います。

(9) **역 앞에 슈퍼마켓이 두 _____ 있어요.**
駅前にスーパーが_____カ所あります。

第3章　本編　第9課

学習ポイント②

時間を表す際、**시**(時)は固有数詞、**분**(分)は漢数詞で表します。

166

세 시 삼 분 3時3分　　**열두 시 오십오 분** 12時55分

◎**時間に関する表現** 167

시 정각 時ちょうど	**두 시 정각이에요.** 2時ちょうどです。
시간 時間	**세 시간 걸려요.** 3時間かかります。
반 半	**일곱 시 반** 7時半 = **일곱 시 삼십 분** 7時30分
분 전 分前	**한 시 십오 분 전이에요.** 1時15分前です。
오전·오후 午前·午後	**오전에 아르바이트를 하고 오후에 집에 가요.** 午前にアルバイトをして午後に家に行きます。
~부터 ~까지 ~から~まで (時間·順番)	**11시부터 6시까지 자요.** 11時から6時まで寝ます。 **6시까지 와 주세요.** 6時までに来てください。 ＊韓国語では「～まで」と「～までに」はどちらも~**까지**。 **먼저 숙제부터 해요.** 先に宿題からやります。

◎**曜日に関する表現** 168

월요일 月曜日	**화요일** 火曜日	**수요일** 水曜日	**목요일** 木曜日	**금요일** 金曜日	**토요일** 土曜日	**일요일** 日曜日

일주일 1週間	**무슨 요일** 何曜日	**평일、주중** 平日	**주말** 週末

＊「月火水木金土日」は**월화수목금토일**です。**일주일**は[**일쭈일**]と発音します(この本で学んだ濃音化のルールではない例外的な濃音化)。

確認問題 1 下線部に正しい韓国語を書き入れて、文を完成させましょう。 169

(1) **오늘은 ________________이에요?** 今日は何曜日ですか？

(2) **내일은 ________________입니다.** 明日は月曜日です。

(3) **________________에 _______ 번 만나요.** 1週間に3回会います。

(4) **________________은 청소를 해요.** 週末は掃除をします。

「오늘의 스케줄(今日のスケジュール)」を見て、下線部に韓国語を書きましょう。 170

오늘의 스케줄

PM 1:00~3:00
친구 @공원

PM 3:30~5:00
공부 @도서관

PM 6:00 집

(1) **_________ 시에 친구를 만나요.**

_________ 시 _________ 공원에서 놀아요.

1時に友達に会います。3時まで公園で遊びます。

(2) ____________________________________

도서관에서 공부해요.

3時半から5時まで図書館で勉強します。

(3) **________________에 집에 가요.**

6時に家に帰ります。

사키 : 민영 씨 여동생은 **몇 살**이에요?

민영 : 지금 **18살**이에요.

저보다 **2살** 적어요.

사키 : 그럼 고등학교 3학년이에요?

민영 : 맞아요.

사키 : 보통 **몇 시**에 학교에 가요?

민영 : **7시** 정도에 집을 나가요.

토요일도 학교에 가요.

この課の単語と表現 172

□ **적어요**：少ないです。**적다**(少ない)の**해요**体。発 **[저거요]**

□ **고등학교**：高校、高等学校　発 **[고등학꾜]**

□ **3학년**：3年生。ハングル表記にすると**삼 학년**。発 **[사 망년]**

□ **맞아요**：そうです、合っています。**맞다**(そうだ、合う)の**해요**体。相づち表現でよく使われる。発 **[마자요]**

□ **보통**：普通

□ **7시 정도에**：7時くらいに。**정도**(程度)に助詞~**에**(~に)を付けて、~ **정도에**(~くらいに)という表現。発 **[일곱 씨 정도에]**

□ **나가요**：出ます、出発します。**나가다**(出る、出発する)の**해요**体。

コラム 「○歳上だ、○歳下だ」

「~歳上だ、下だ」と言うときに、**많다**(多い)／**적다**(少ない)を使います。また、**위**(上)／**아래**、**밑**(下)を使って言うこともできます。

◎年上の場合

○ 살 많다.
○ 살 위이다.　○歳上です。

남편은 저보다 한 살 많습니다.　夫は私より1歳上です。
오빠는 나보다 세 살 위예요.　兄は私より3歳上です。

◎年下の場合

○ 살 적다.
○ 살 아래이다.　○歳下です。
○ 살 밑이다.

아내는 저보다 네 살 적어요.　妻は私より4歳下です。
여동생은 나보다 두 살 아래입니다.　妹は私より2歳下です。

韓国人の時間感覚　173

＊**아침**、**점심**、**저녁**は「朝食、昼食、夕食」という意味もあります。

過去・現在・未来

174

日	**그저께** おととい	**어제** 昨日	**오늘** 今日	**내일** 明日	**모레** あさって
週／月	**지지난주/ 지지난달** 先々週／月	**지난주/ 지난달** 先週／月	**이번 주/ 이번 달** 今週／月	**다음 주/ 다음 달** 来週／月	**다다음 주/ 다다음 달** 再来週／月
年	**재작년** おととし	**작년** 去年	**올해** 今年	**내년** 来年	**내후년** 再来年

오늘、**어제**など日を表す表現と**올해**（表の濃くなっている単語）以外は～**에**（～に）を付けて使います。

올해 결혼해요. 今年、結婚します。
내년에 결혼해요. 来年、結婚します。（× 내년 결혼해요.）

確認問題

時間を表す**에**に注意しながら、**해요**体で終わる韓国語を完成させましょう。 175

(1) **만나다** 会う

____________________ 来週、会います。

(2) **빨래하다** 洗濯する

____________________ 朝、洗濯します。

(3) **졸업하다** 卒業する

____________________ 来月、卒業します。

(4) **중학생이 되다** 中学生になる

____________________ 今年、中学生になります。

第10課 사인을 받아서 행복했어요.

サインをもらって幸せでした。

この課の学習ポイント

① 過去形 -았다/었다

② -아서/어서 ～するので、～なので(理由)

学習ポイント①

韓国語の過去形は用言の語幹に次の語尾を付けて作ります。**해요**体の**-아요/어요**を接続するときのルールと同じですが、改めて確認しましょう。

陽母音語幹 ＋ -았다
陰母音語幹 ＋ -었다 **～していた、～だった**

上のルールに基づいて、さらに語幹のタイプによってさまざまな変化が起こります。

176

タイプ1) 子音語幹、一部の母音語幹(そのまま付く)

살다 住む → **살 + -았다 → 살았다** 住んでいた

먹다 食べる → **먹 + -었다 → 먹었다** 食べた

タイプ2) 母音語幹で語幹末が母音ㅏ、ㅓ(同じ母音を一つにする)

비싸다 高い → **비싸 + -았다 → 비쌌다** 高かった

서다 立つ → **서 + -었다 → 섰다** 立った

タイプ3） 母音語幹で語幹末がㅗ、ㅜ、ㅣ（母音を合体させる）

오다 来る → **오** + **-았다** → **왔다** 来た

배우다 習う → **배우** + **-었다** → **배웠다** 習った

마시다 飲む → **마시** + **-었다** → **마셨다** 飲んだ

タイプ4） そのまま覚えるタイプ

하다 する → **했다** した

보내다 送る → **보냈다** 送った

되다 なる → **됐다** なった

名詞に指定詞**이다**を付けると「(名詞)だ」という表現になりますが、その過去形は、~**이었다/였다**です。前の単語末にパッチムがあれば~**이었다**を、パッチムがなければ~**였다**を付けます。

학생이다 学生だ → **학생이었다** 学生だった

주부이다 主婦だ → **주부였다** 主婦だった

過去形を**합니다**体や**해요**体にするには、**-았다/었다**の**다**を取って、それぞれの語尾を続けます。**해요**体は、**-았다/었다**どちらにも変則的に**-어요**が付くところに注意しましょう。

-았다/었다 + **-습니다** → **-았습니다/었습니다**（합니다体）

\+ **-어요** → **-았어요/었어요**（해요体）

177

앉았다 座った → **앉았습니다、앉았어요** 座りました

읽었다 読んだ → **읽었습니다、읽었어요** 読みました

確認問題　例のように過去形とその**해요**体を完成させましょう。　178

原形	過去形	過去形の해요体
例）**먹다**　食べる	**먹었다**　食べた	**먹었어요**　食べました
(1) **앉다**　座る		
(2) **만나다**　会う		
(3) **지우다**　消す		
(4) **보내다**　送る		
(5) **좋다**　良い		
(6) **다니다**　通う		
(7) **중학생이 되다** 中学生になる		
(8) **입학하다** 入学する		
(9) **사랑하다**　愛する		
(10) **따뜻하다**　暖かい		
(11) **학생이다**　学生だ		
(12) **친구이다**　友達だ		

学習ポイント②

-아서/어서　～するので、～なので(理由)

理由を表す語尾です。用言の陽母音語幹には**-아서**が、陰母音語幹には**-어서**が付きます(P.090参照)。名詞の場合は、直前の単語末にパッチムがある場合は~**이어서**が、パッチムがない場合は~**여서**が付きます。同様の意味で~**이라서/라서**と言うこともあります。

なお、**-아서/어서**は、たとえ意味が過去でも**-았어서/었어서**と言わず、そのまま**-아서/어서**を使います。つまり**맛있다**(おいしい)に**-어서**が付いた**맛있어서**は「おいしくて(現在)」と「おいしかったので(過去)」の二つの意味を表し、文脈で判断します。

179

비싸다 高い、**안 사다** 買わない

→**비싸서 안 샀어요.** 高かったので買いませんでした。

＊비쌌어서は×

가을이다 秋だ、**시원하다** 涼しい

→**가을이어서 시원해요.** 秋なので涼しいです。

確認問題

与えられた二つの文を**-아서/어서**を使って一つにし、文末は**해요**体の過去形にしましょう。 180

例) **일이 많다** 仕事が多い、**힘들다** 大変だ

→ **일이 많아서 힘들었어요.** 仕事が多かったので大変でした。

(1) **학생** 学生、**돈이 없다** 金がない

→ ______________________________

(2) **맛있다** おいしい、**많이 먹다** たくさん食べる

→ ______________________________

(3) **피곤하다** 疲れている、**자다** 寝る

→ ______________________________

会話練習 181

미희　: 사오리 씨, 주말 잘 **보냈어요?**

사오리: 네, 친구랑 장승후 팬미팅에 **갔다 왔어요.**

미희　: **그랬어요?**

팬미는 **어땠어요?**

사오리: **좋았어요.**

직접 사인을 **받아서 행복했어요.**

미희　: 너무 부러워요.

사진도 **찍었어요?**

사오리: 물론이에요.

정말 **기뻤어요.**

\\ この課の単語と表現 // 182

□ **잘 보냈어요?**：楽しく過ごしましたか？　**잘 보내다**(よく過ごす、楽しく過ごす)の過去形**해요**体。発 **[잘 보내써요]**

□ **팬미팅**：ファンミーティング。略して**팬미**とも言う。

□ **갔다 왔어요**：行ってきました。**갔다 오다**(行ってくる)の過去形**해요**体。発 **[갇따 와써요]**

□ **그랬어요?**：そうだったんですね、そうなんですか？　**그래요?**（そうですか）の過去形。原型は**그렇다**(そのようだ)で、**해요**体や過去形になると変則的に活用するものの一つ。この本では定型フレーズとして覚えておく。発 **[그래써요]**

□ **어땠어요?**：いかがでしたか？、どうでしたか？。**어때요?**（どうですか？)の過去形。原型は**어떻다**(どのようだ)で、**해요**体や過去形になると変則的に活用するものの一つ。この本では定型フレーズとして覚えておく。発 **[어때써요]**

□ **좋았어요**：良かったです。**좋다**(良い)の過去形**해요**体。発 **[조아써요]**

□ **직접**：直接、じかに　発 **[직쩝]**

□ **사인**：サイン

□ **받아서**：もらって。**받다**(受ける、もらう)に**-아서**が付いた形。発 **[바다서]**

□ **행복했어요**：幸せでした。**행복하다**(幸せだ)の過去形**해요**体。発 **[행보캐써요]**

□ **너무**：とても、すごく

□ **부러워요**：うらましいです。原形は**부럽다**(うらましい)で、**해요**体になると変則的に活用するものの一つ。

□ **사진**：写真

□ **찍었어요?**：撮りましたか？　**찍다**(撮る)の過去形**해요**体。発 **[찌거써요]**

□ **물론**：もちろん

□ **기뻤어요**：うれしかったです。原形は**기쁘다**(うれしい)で、**해요**体になると変則的に活用するものの一つ(P.130参照)。発 **[기뻐써요]**

変則活用

用言が活用をする際、すでに学習をした活用の原則に沿って活用するのを正則活用、あるいは規則活用と言います。それに対して原則に沿わず活用するのを変則活用、あるいは不規則活用と言います。いろいろな変則活用がありますが、この本ではその中で「으変則活用」を紹介します。

◎으変則活用　183

으語幹と呼ばれる、語幹末の母音が「ㅡ」で終わる用言において、この変則活用が起こります。

크다 大きい　**쓰다** 書く　**바쁘다** 忙しい　**예쁘다** きれいだ

으語幹用言に**-아/어**から始まる語尾(**해요**体**-아요/어요**、過去形**-았다/었다**、**-아서/어서**、**-아/어 주세요**など)が付くと次のように変則的に活用します。

① 語幹が1文字の場合、語幹末の母音「ㅡ」を取ってから**-어**から始まる語尾を付ける。

크다 → ㅋ + -어요 → ㅋ어요 → 커요 大きいです
ㅋ + -었어요 → ㅋ었어요 → 컸어요 大きかったです

쓰다 → ㅆ + -어서 → ㅆ어서 → 써서 書いて
ㅆ + -어 주세요 → ㅆ어 주세요 → 써 주세요 書いてください

② 語幹が2文字以上の場合、語幹末の母音「ㅡ」を取り、語幹末の直前の文字の母音が陽母音なら**-아**から始まる語尾を、陰母音なら**-어**から始まる語尾を付ける。

바쁘다 → 바ㅃ + -아요 → 바ㅃ아요 → 바빠요 忙しいです
바ㅃ + -았어요 → 바ㅃ았어요 → 바빴어요 忙しかったです

예쁘다 → 예ㅃ + -어서 → 예ㅃ어서 → 예뻐서 きれいで

예ㅃ + -었어요 → 예ㅃ었어요 → 예뻤어요

きれいでした

❗ **으**変則用言の一つである**쓰다**は「書く」以外にも、さまざまな同音異義語があります。全て日常会話でよく使われる意味なので、一緒に使われる名詞と共に覚えておきましょう。

184

글씨를 써요. 文字を書きます。

모자를 써요. 帽子をかぶります。

돈을 써요. お金を使います。

우산을 써요. 傘を差します。

안경을 써요. 眼鏡を掛けます。

약이 써요. 薬が苦いです。

으変則活用に注意して、例のように表を完成させましょう。

185

原形	해요体 -아요/어요	理由 -아서/어서	過去形の해요体 -았어요/었어요
例) **크다** 大きい	**커요** 大きいです	**커서** 大きくて	**컸어요** 大きかったです
(1) **모으다** 集める			
(2) **배고프다** 空腹だ			
(3) **나쁘다** 悪い			
(4) **아프다** 痛い			
(5) **슬프다** 悲しい			
(6) **기쁘다** うれしい			

復習ドリル③

8〜10課で学んだことを確認します。

問題 1 数字を韓国語で読んで、下線部に適切な助数詞を入れましょう。（語彙）
186

(1) **오늘은 1________ 수업이 없어요.** 今日は1限目の授業がありません。

(2) **올해 20________입니다.** 今年20歳です。

(3) **이거 2________ 주세요.** これ2人前下さい。

(4) **일주일에 5________ 학교에 갑니다.** 一週間に5回学校に行きます。

(5) **지금 고등학교 3________입니다.** 今、高校3年生です。

問題 2 次の音声を聞いて、下のイラストに何時何分なのか時計の針を描いてみましょう。（リスニング）

(1) 187

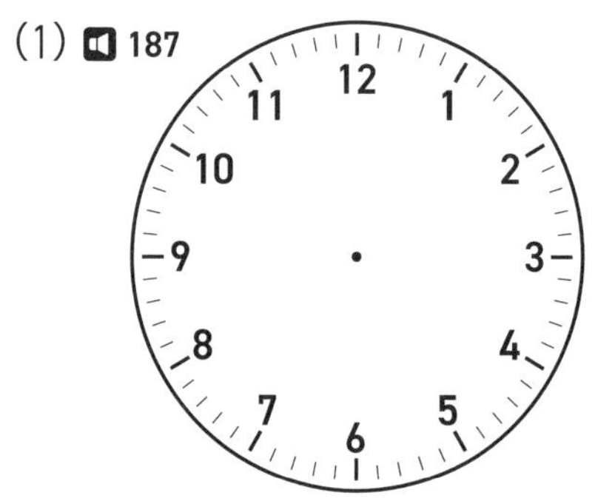

(2) 188

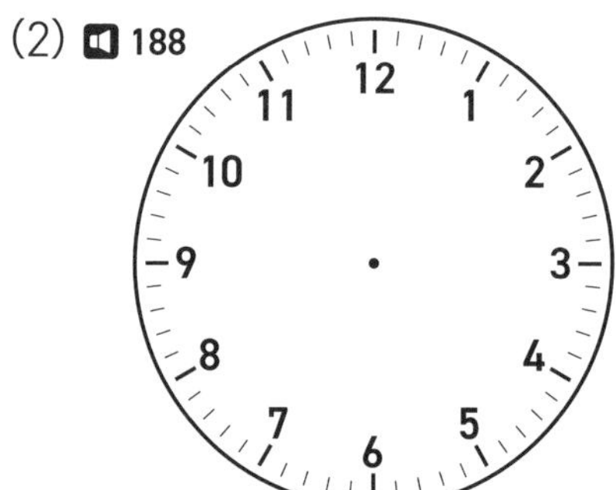

(3) 189

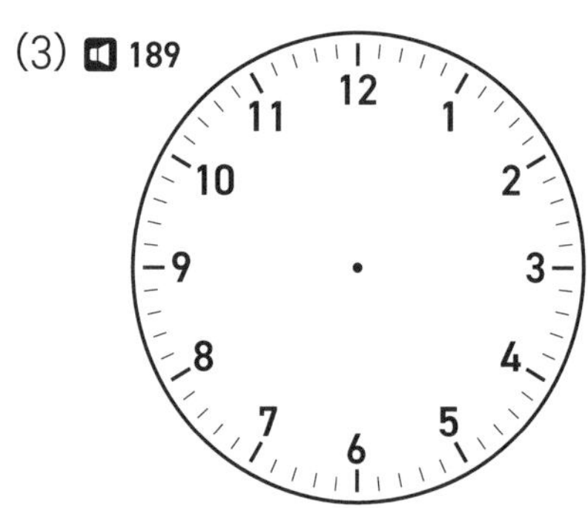

(4) 190

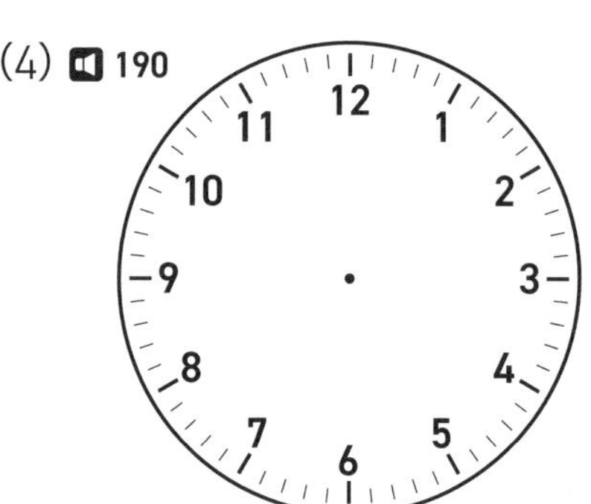

問題 3 下線部の韓国語が間違っています。正しく直しましょう。（語彙・文法）
191

(1) 맛있었어서 많이 먹었어요. → ____________________
おいしかったのでたくさん食べました。

(2) 월요일은 바뻤어요. → ____________________
月曜日は忙しかったです。

(3) 팬미팅에 가고 왔어요. → ____________________
ファンミーティングに行ってきました。

(4) 부산 시내를 안내 주세요. → ____________________
釜山市内を案内してください。

(5) 학생였어요. → ____________________
学生でした。

問題 4 与えられた韓国語を使って、過去形の**해요**体で終わる文にしましょう。（文法）
192

(1) **너무 기쁘다**（すごくうれしい）、**눈물이 나다**（涙が出る）

→ ____________________
すごくうれしくて涙が出ました。

(2) **여름**（夏）、**선글라스를 쓰다**（サングラスを掛ける）

→ ____________________
夏なのでサングラスを掛けました。

(3) **허리가 아프다**（腰が痛い）、**병원에 가다**（病院に行く）

→ ____________________
腰が痛くて病院に行きました。

第11課 일본 어디에 사세요?

日本のどこにお住まいですか？

この課の学習ポイント

① 尊敬表現 -(으)시다

② -네요 ～しますね、～ですね

学習ポイント①

尊敬表現は、用言の語幹の種類によって次の語尾を付けて作ります。

193

子音語幹 ＋ -으시다

앉다 座る → **앉＋-으시다** → **앉으시다** お座りになる

받다 受け取る → **받＋-으시다** → **받으시다** お受け取りになる

母音語幹 ＋ -시다

가다 行く → **가＋-시다** → **가시다** 行かれる

오다 来る → **오＋-시다** → **오시다** 来られる

ㄹ語幹（ㄹを取って） ＋ **-시다**

살다 住む → **사＋-시다** → **사시다** お住まいだ

만들다 作る → **만드＋-시다** → **만드시다** お作りになる

名詞に指定詞**이다**を付けると「(名詞)だ」という表現になりますが、その尊敬表現は、~**이시다**/**시다**です。前の単語末にパッチムがあれば~**이시다**を、パッチムがなければ~**시다**を付けます。

회사원이다 会社員だ → **회사원이시다** 会社員でいらっしゃる
주부이다 主婦だ → **주부시다** 主婦でいらっしゃる

◎そのまま覚える尊敬表現

日本語の「食べる→召し上がる、寝る→お休みになる」のようにルールによってではなく、そのまま覚えるしかない尊敬表現が韓国語にもあります。

194

먹다 食べる
마시다 飲む → **드시다** 召し上がる
자다 寝る → **주무시다** お休みになる
말하다 言う → **말씀하시다** おっしゃる
죽다 死ぬ → **돌아가시다** お亡くなりになる
있다 いる → **계시다** いらっしゃる
＊「おありだ、持っていらっしゃる」の意味で使われる場合は**있으시다**
없다 いない → **안 계시다** いらっしゃらない
＊「おありでない、持っていらっしゃらない」の意味で使われる場合は**없으시다**

尊敬表現を**합니다**体や**해요**体にするには、**-(으)시다**の**다**を取って、それぞれの語尾を続けます。**해요**体は**-(으)세요**、名詞に付く場合は~**이세요**/**세요**と変則的な形になるので、そのまま覚えましょう。

-(으)시다 + **-ㅂ니다** → **-(으)십니다** (**합니다**体)
+ **-어요** → **-(으)세요** (**해요**体)

🔊195

가시다 行かれる → **가십니다、가세요** 行かれます

앉으시다 お座りになる

→ **앉으십니다、앉으세요** お座りになります

계시다 いらっしゃる

→ **계십니다、계세요** いらっしゃいます

한국 분이시다 韓国の方でいらっしゃる

→ **한국 분이십니다、한국 분이세요**

韓国の方でいらっしゃいます

確認問題 次の単語を例のように尊敬表現とその**해요**体にしましょう。その際＊の単語に注意しましょう。 🔊196

原形	尊敬表現	尊敬表現の해요体
例）**가다** 行く	**가시다** 行かれる	**가세요** 行かれます
(1) **읽다** 読む		
(2) **바쁘다** 忙しい		
(3) **알다** 知る		
(4) **잘하다** 上手だ		
(5) **말하다**＊ 言う		
(6) **먹다**＊ 食べる		
(7) **없다**＊ いない		
(8) **일본 분이다**＊ 日本の方だ		

学習ポイント②

-네요　~しますね、~ですね

「～しますね、～ですね」に当たる表現です。用言の語幹に**-네요**を付けます。ただしㄹ語幹の場合はㄹパッチムを取ってから**-네요**を付けます。

名詞の場合は、直前の単語末にパッチムがある場合は~**이네요**を、パッチムがない場合は~**네요**を付けます。

197

춥다 寒い → **춥네요** 寒いですね

멀다 遠い（ㄹ語幹） → **머네요** 遠いですね

봄이다 春だ → **봄이네요** 春ですね

確認問題　次の文を**-네요**で終わる文にしましょう。　198

(1) **이 반찬이 정말 맛있다** このおかずが本当においしい

(2) **아기가 울다** 赤ちゃんが泣く

(3) **여기에는 없다** ここにはいない

(4) **오늘은 일요일이다** 今日は日曜日だ

(5) **아주 덥다** とても暑い

하나 : 소라 씨는 어느 나라 분**이세요?**

소라 : 재일 교포예요.

어머니가 한국 분**이세요**.

하나 : 아, 그래요?

일본 어디에 **사세요?**

소라 : 야마나시현에 살아요.

야마나시현 **아세요?**

하나 : 네, 알아요.

도쿄에서 별로 안 멀어요.

소라 : 잘 **아시네요**.

저희 집에서 후지산도 가까워요.

この課の単語と表現 200

□ **어느**：どの

□ **나라**：国

□ **분**：方。「人」の尊敬表現。 例)**한국 분**(韓国の方)、**일본 분**(日本の方)、**몇 분이세요?**(何名様ですか?)

□ **재일 교포**：在日韓国人

□ **한국 분이세요**：韓国の方でいらっしゃいます。韓国語の尊敬表現は自分側の人(自分の家族や自社の上司など)に対しても使う。ここでも自分の母親に対して尊敬表現を使っている。発 **[한국 뿌니세요]**

□ **사세요?**：お住まいですか?、住んでいらっしゃいますか?。**살다**(住む、暮らす、生きる/ㄹ語幹)の尊敬表現の**해요**体。

□ **살아요**：住んでいます。**살다**の**해요**体。発 **[사라요]**

□ **아세요?**：ご存じですか?。**알다**(分かる、知る/ㄹ語幹)の尊敬表現の**해요**体。

□ **알아요**：知っています。**알다**の**해요**体。発 **[아라요]**

□ **도쿄에서**：東京から。「〜で」という意味で学んだ〜**에서**(P.092参照)は、「(場所)から」という出発点を表す意味もある。なお「(時間・順番)から」は〜**부터**(P.118参照)。

□ **별로**：あまり、別に、特に

□ **안 멀어요**：遠くありません。**멀다**(遠い)に否定形**안**(P.098参照)が付いた形の**해요**体。発 **[안 머러요]**

□ **잘 아시네요**：よくご存じですね。**잘**は「よく、とても」を意味し、**알다**に尊敬の**-시다**が付き、さらに**-네요**が付いた形。発 **[자 라시네요]**

□ **저희**：**우리**(私たち)の謙譲表現。発 **[저이]**

□ **후지산**：富士山

□ **가까워요**：近いです。原形は**가깝다**(近い)で、**해요**体になると変則的に活用するものの一つ。

尊敬表現を使った万能質問　~이/가 어떻게 되세요?

尊敬表現を使った質問の仕方で、**~이/가 어떻게 되세요?**という表現があります。直訳は「~がどうなられますか?」ですが、聞きたいことを「~」に入れるだけで丁寧な尊敬の疑問文になる、とても便利な表現です。

また、日本語は「~は…ですか?」と聞きますが、韓国語では**~이/가**(~が)を使うことにも注意しましょう。韓国語では前置きなく聞くとき、**~은/는**(~は)ではなく**~이/가**を使います。

201

연세(나이)가 어떻게 되세요? お年はおいくつですか?
＊**연세**は**나이**(歳)の尊敬表現。

성함이 어떻게 되세요? お名前は何ですか?
＊**성함**は**이름**(名前)の尊敬表現。

가족이 어떻게 되세요? 何人家族ですか?
＊直訳は「家族がどうなられていますか?」で家族構成を聞く質問。

確認問題 下線部に与えられた単語を入れ、適切な助詞を選び、尊敬表現を完成させましょう。 202

전화번호 電話番号　**형제** 兄弟　**가족** 家族
약속 시간 約束の時間　**주소** 住所

(1) ＿＿＿＿＿＿＿＿**이/가 어떻게 되세요?** 住所はどこですか?

(2) ＿＿＿＿＿＿＿＿**이/가 어떻게 되세요?** 電話番号は何番ですか?

(3) ＿＿＿＿＿＿＿＿**이/가 어떻게 되세요?** 何人きょうだいですか?

(4) ＿＿＿＿＿＿＿＿**이/가 어떻게 되세요?** 約束の時間はいつですか?

◎이렇게、그렇게、저렇게、어떻게(こう、そう、ああ、どう)

左ページで登場した**어떻게**は「どう、どのように」という意味の言葉です。**이렇게**、**그렇게**、**저렇게**、**어떻게**で、文脈に合わせてさまざまな意味で使うことができます。

203

이렇게	그렇게	저렇게	어떻게
このように こうやって こんなに これほど	そのように そうやって そんなに それほど	あのように ああやって あんなに あれほど	どのように どうやって どんなに どれほど

이렇게 만들어요. こうやって作ります。

그 영화가 그렇게 재미있어요?
その映画がそんなに面白いんですか？

이건 어떻게 먹어요? これはどのように食べるんですか？

第12課
언제 한국에 오셨어요?
いつ韓国に来られましたか？

この課の学習ポイント

① 尊敬表現の過去形

② -지요?(죠?) ～しますよね？、～ですよね？

学習ポイント①

尊敬表現の過去形は、用言の語幹に次の形を付けて作ります。尊敬の語尾**-(으)시다**の**다**を取って、過去形の語尾**-었다**が接続した形です。

204

子音語幹 ＋ -으셨다

앉다 座る → **앉으셨다** お座りになった

받다 受け取る → **받으셨다** お受け取りになった

母音語幹 ＋ -셨다

가다 行く → **가셨다** 行かれた

오다 来る → **오셨다** 来られた

ㄹ語幹(ㄹを取って) **＋ -셨다**

살다 住む → **사셨다** 住まれた

만들다 作る → **만드셨다** お作りになった

そのまま覚える尊敬表現も同じパターンです(P.135参照)。

드시다 召し上がる、お飲みになる
→ **드셨다** 召し上がった、お飲みになった

계시다 いらっしゃる → **계셨다** いらっしゃった

돌아가시다 お亡くなりになる
→ **돌아가셨다** お亡くなりになった

「(名詞)でいらっしゃる」と言うのは~**이시다/시다**ですが(P.135参照)、その過去形は、~**이셨다/셨다**です。前の単語末にパッチムがあれば~**이셨다**を、パッチムがなければ~**셨다**を付けます。

회사원이시다 会社員でいらっしゃる
→ **회사원이셨다** 会社員でいらっしゃった

친구시다 友達でいらっしゃる
→ **친구셨다** 友達でいらっしゃった

尊敬表現の過去形を**합니다**体や**해요**体にするには、**-(으)셨다**の**다**を取って、それぞれの語尾を続けます。

-(으)셨다 + **-습니다** → **-(으)셨습니다** (**합니다**体)
+ **-어요** → **-(으)셨어요** (**해요**体)

205

가셨다 行かれた → **가셨습니다、가셨어요** 行かれました

읽으셨다 お読みになった
→ **읽으셨습니다、읽으셨어요** お読みになりました

確認問題 次の単語を例のように尊敬表現の過去形とその**해요**体にしましょう。その際＊の単語に注意しましょう。 206

原形	尊敬表現の過去形	尊敬表現過去の해요体
例）**가다** 行く	**가셨다** 行かれた	**가셨어요** 行かれました
(1) **앉다** 座る		
(2) **놀다** 遊ぶ		
(3) **나가다** 出ていく		
(4) **예쁘다** きれいだ		
(5) **만들다** 作る		
(6) **기다리다** 待つ		
(7) **운동하다** 運動する		
(8) **먹다**＊ 食べる		
(9) **죽다**＊ 死ぬ		
(10) **있다**＊ いる		
(11) **없다**＊ ない		
(12) **자다**＊ 寝る		
(13) **주부이다** 主婦だ		
(14) **선생님이다** 先生だ		

学習ポイント②

-지요? ～しますよね？、～ですよね？

相手に確認をしたり同意を求めたりするときの表現です。用言の語幹に**-지요?**を付けます。**-지요?**は、短い形の**-죠?**にすることもできます。名詞の場合は、直前の単語末にパッチムがある場合は～**이지요?**が、パッチムがない場合は～**지요?**が付きます。

207

제 말이 맞지요? 私の話が合っていますよね？

정말 맛있죠? 本当においしいですよね？

영화가 정말 재미있었지요? 映画が本当に面白かったですよね？

직장인이 아니라 대학생이지요?
社会人ではなくて大学生でしょう？

確認問題

与えられた韓国語を使って**-지요?**で終わる文にしましょう。
208

例) **맛있다** おいしい → **맛있지요?** おいしいですよね？

(1) **오후는 바쁘다** 午後は忙しい

→ ＿＿＿＿＿＿＿＿＿＿

(2) **시험이 내일이다** 試験が明日だ

→ ＿＿＿＿＿＿＿＿＿＿

(3) **겨울이 왔다** 冬が来た

→ ＿＿＿＿＿＿＿＿＿＿

(4) **어제 술을 드셨다** 昨日お酒をお飲みになった

→ ＿＿＿＿＿＿＿＿＿＿

재우 : 미호 씨는 언제 한국에 **오셨어요?**

미호 : 재작년 6월에 왔어요.

재우 : 일본에서도 한국어를 **배우셨어요?**

미호 : 아뇨, 한글만 외우고 한국에 왔어요.

재우 : 그런데 이렇게 한국어를 잘하세요?

깜짝 놀랐어요.

미호 : 아니에요. 아직 멀었어요.

많이 가르쳐 주세요.

재우 : 그럼요.

외국어 공부 **재미있지요?**

미호 : 네!

この課の単語と表現 210

□ **언제**：「いつ」を意味する疑問詞。

□ **오셨어요?**：いらっしゃいましたか？。**오다**(来る)の尊敬表現の過去形**해요**体。
発 **[오셔써요]**

□ **재작년**：おととし　発 **[재장년]**

□ **~에서도**：～でも。助詞**~에서**(～で)＋**~도**(～も)を組み合わせたもの。

□ **배우셨어요?**：習っていらっしゃいましたか？。**배우다**(習う)の尊敬表現の過去形**해요**体。発 **[배우셔써요]**

□ **한글**：ハングル

□ **~만**：～だけ。限定を表す助詞。

□ **외우고**：覚えて。**외우다**(覚える)に**-고**(P.085)が付いた形。

□ **이렇게**：こんなに　発 **[이러케]**

□ **한국어를 잘하세요?**：韓国語が上手なんですか？。**잘하다**(上手だ)の尊敬表現の**해요**体。**~을/를 잘하다**で「～が上手だ」という表現で、助詞に**~을/를**(～を)を使うので注意。　発 **[한구거를 자라세요]**

□ **깜짝**：びっくり

□ **놀랐어요**：驚きました。**놀라다**(驚く)の過去形**해요**体。**깜짝 놀라다**で「すごくびっくりする」という表現。発 **[놀라써요]**

□ **아니에요**：いえいえ。謙遜するときの表現(P.060参照)。

□ **아직 멀었어요**：まだまだです。**아직 멀다**(まだまだだ)の過去形**해요**体。**아직**(まだ)＋**멀다**(遠い)を組み合わせた表現。発 **[아징 머러써요]**

□ **많이**：たくさん、いっぱい　発 **[마니]**

□ **가르쳐 주세요**：教えてください。**가르치다**(教える)に**-어 주세요**(P.111参照)が付いた形。

□ **그럼요**：もちろんですよ、そうですとも　発 **[그러묘]**だが**[그럼뇨]**と発音する人も多い。

□ **재미있지요?**：面白いでしょう？。**재미있다**(面白い)に**-지요?**が付いた形。
発 **[재미읻찌요]**

プラスα

さまざまな品詞の尊敬表現

韓国語は、用言の他に、名詞や助詞にも尊敬の意味を表すものがあります。

◎名詞の尊敬表現　211

이름 名前 → **성함** お名前

나이 年 → **연세** お年　＊**연세**は自分よりかなり年が離れている目上の人に使います。年上でも年が近い人に使うと逆に失礼になることもあるので注意しましょう。

말 言葉 → **말씀** お言葉　＊**말씀하시다** おっしゃる

집 家 → **댁** お宅

◎助詞の尊敬表現　212

助詞	尊敬表現	例
~은/는 ~は	**~께서는**	**선생님께서는** 先生は
~이/가 ~が	**~께서**	**선생님께서** 先生が

確認問題　助詞を含めて尊敬表現に変えましょう。文末は**해요**体にしましょう。
213

(1) **딸은 고등학생이에요.** 娘は高校生です。

→**아버지**＿＿＿＿＿ **회사원**＿＿＿＿＿. 父は会社員でいらっしゃいます。

(2) **남동생이 말해요.** 弟が言います。

→**사장님**＿＿＿＿＿ ＿＿＿＿＿＿＿＿＿＿. 社長がおっしゃいます。

尊敬表現が使われた日常のあいさつ 214

	합니다体	해요体
お疲れさまでした	수고하셨습니다	수고하셨어요
お疲れさまです	수고하십시오*	수고하세요
こんにちは	안녕하십니까?	안녕하세요?
おはようございます	안녕히 주무셨습니까?	안녕히 주무셨어요?
お帰りなさい	(안녕히) 다녀오셨습니까?	(안녕히) 다녀오셨어요?
お元気ですか?	잘 지내십니까?	잘 지내세요?
お元気でしたか?	잘 지내셨습니까?	잘 지내셨어요?
さようなら(立ち去る人に向かって)	안녕히 가십시오*	안녕히 가세요
さようなら(その場に残る人に向かって)	안녕히 계십시오*	안녕히 계세요
おやすみなさい	안녕히 주무십시오*	안녕히 주무세요
お召し上りください	맛있게 드십시오*	맛있게 드세요

*まだこの本では学習しない文法ですが、日本語の「おやすみなさい」のような尊敬表現の命令形の**합니다**体は**-(으)십시오**と言います。ここではあいさつ表現としてフレーズで覚えておきましょう。

第3章 本編 第12課

復習ドリル④

11〜12課で学んだことを確認します。

問題 1 次の表は尊敬表現の**해요**体をまとめたものです。この表を参考に、例のように表を完成させましょう。（文法）

原形	尊敬表現（11課）	尊敬過去形（12課）
用言 **-다**	**-(으)세요**	**-(으)셨어요**
名詞（指定詞） **~이다**	**~이세요/세요**	**~이셨어요/셨어요**

215

原形	尊敬表現	尊敬過去形
例）**가다** 行く	**가세요**	**가셨어요**
(1) **앉다** 座る		
(2) **마시다** 飲む		
(3) **알다** 知る		
(4) **바쁘다** 忙しい		
(5) **말하다** 言う		
(6) **회사원이다** 会社員だ		

問題 2 次の音声を聞いて韓国語を書き、日本語で意味を言ってみましょう。（聞き取り）

(1) ______________________ 216

(2) ______________________ 217

(3) ______________________ 218

(4) ______________________ 219

問題 3 下線部の韓国語が間違っています。正しく直しましょう。（語彙・文法）
220

(1) 다음 주 월요일은 휴일네요. → ________________
来週月曜日は休日ですね。

(2) 아직 멀어요. → ________________
まだまだです。

(3) 할머니는 집에 있으세요. → ________________
おばあさんは家にいらっしゃいます。

(4) 일본에서도 한국어를 배워셨어요 ? → ________________
日本でも韓国語を習われましたか？

(5) 소라 씨는 어느 나라 분세요? → ________________
ソラさんはどこの国の方でいらっしゃいますか？

問題 4 （　　）の中に入る正しい助詞を選びましょう。（語彙・文法） 221

(1) 도쿄(부터/에서) 별로 안 멀어요.
東京からそんなに遠くありません。

(2) 한글(만/밖에) 외우고 한국에 왔어요.
ハングルだけ覚えて韓国に来ました。

(3) 그런데 이렇게 한국어(가/를) 잘하세요?
それなのにこんなに韓国語がお上手なんですか？

(4) 사장님(가/께서) 말씀하세요.
社長がおっしゃいます。

第13課 지금 만나러 가고 있어요.

今、会いに行っています。

この課の学習ポイント

①**-고 있다** ～している、**-고 있었다** ～していた
②**-(으)러** ～しに（目的）
③**-(으)면** ～したら、～なら（仮定）

学習ポイント①

-고 있다 ～している
-고 있었다 ～していた

動詞語幹に**-고 있다**を付けて、現在進行中のことを表す表現です。過去のある時点で進行中のことを述べるときは**-고 있었다**と言います。**있다**、**있었다**の部分を**합니다**体や**해요**体にして使います。

222

책을 읽고 있습니다. 本を読んでいます。

공원에서 놀고 있어요. 公園で遊んでいます。

아기가 자고 있었어요. 赤ちゃんが寝ていました。

친구랑 이야기를 하고 있었습니다.
友達と話をしていました。

与えられた文を指定の通りに**-고 있다**か**-고 있었다**を使って、**해요**体の文に直しましょう。 223

例) **학교에 다니다** 学校に通う(過去)

→ **학교에 다니고 있었어요.** 学校に通っていました。

(1) **슈퍼마켓에서 팔다** スーパーで売る(現在)

→ ____________________

(2) **친구를 만나다** 友達に会う(過去)

→ ____________________

(3) **도쿄에 살다** 東京に住む(現在)

→ ____________________

(4) **편지를 쓰다** 手紙を書く(過去)

→ ____________________

学習ポイント②

-(으)러 ～しに(目的)

動詞語幹に付いて、目的を表す「～しに」を表す表現です。子音語幹は**-으러**、母音語幹とㄹ語幹は**-러**を付けます。

224

사람을 찾으러 왔어요. 人を探しに来ました。

뭐 하러 가요? 何しに行きますか？

공원에 놀러 갔어요. 公園に遊びに行きました。

確認問題

현준さんと**미유키**さんが表の場所に何をしに行くのかについて話します。~**에 뭘 하러 가요?**（~に何をしに行きますか？）と、**-(으)러 가요**（~しに行きます）を使って会話を完成させましょう。 225

場所	현준	미유키
例）**백화점** デパート	**쇼핑을 하다** ショッピングをする	**아르바이트를 하다** アルバイトをする
(1) **도서관** 図書館	**DVD를 빌리다** DVDを借りる	**잡지를 읽다** 雑誌を読む
(2) **서울** ソウル	**연극을 보다** 演劇を見る	**관광하다** 観光する
(3) **편의점** コンビニ	**돈을 찾다** お金を下ろす	**도시락을 사다** お弁当を買う

例）**현준　:미유키 씨는 백화점에 뭘 하러 가요?**
미유키:아르바이트를 하러 가요. 현준 씨는?
현준　:저는 쇼핑을 하러 가요.

(1) **현준　:미유키 씨는 ＿＿＿＿＿에 뭘 하러 가요?**
미유키:잡지를 ＿＿＿＿＿ 가요. 현준 씨는?
현준　:저는 DVD를 ＿＿＿＿＿ 가요.

(2) **현준　:미유키 씨는 ＿＿＿＿＿에 뭘 하러 가요?**
미유키:＿＿＿＿＿＿＿ 가요. 현준 씨는?
현준　:저는 연극을 ＿＿＿＿＿ 가요.

(3) **현준　:미유키 씨는 ＿＿＿＿＿에 뭘 하러 가요?**
미유키:도시락을 ＿＿＿＿＿ 가요. 현준 씨는?
현준　:저는 돈을 ＿＿＿＿＿ 가요.

学習ポイント③

-(으)면　~したら、~なら(仮定)

用言の語幹に付いて、条件や仮定を表す語です。子音語幹は**-으면**、母音語幹とㄹ語幹は**-면**を付けます。

226

시간이 있으면 와 주세요. 時間があったら来てください。

날씨가 나쁘면 안 가요. 天気が悪いなら行きません。

창문을 열면 보여요. 窓を開けたら見えます。

与えられた二つの文を**-(으)면**を使って一つにし、文末は**해요**体にしましょう。 227

例) **비싸다** 高い、**안 사다** 買わない

→ **비싸면 안 사요.** 高かったら買いません。

(1) **바쁘다** 忙しい、**내일 가다** 明日行く

→ ______________________

(2) **거기에 가다** そこに行く、**팔다** 売っている

→ ______________________

(3) **책을 읽다** 本を読む、**졸리다** 眠くなる

→ ______________________

(4) **함께 놀다** 一緒に遊ぶ、**더 재미있다** より面白い

→ ______________________

미영 : 여보세요.

지윤 씨 지금 뭐 **하고 계세요?**

지윤 : 집에서 **쉬고 있어요**. 왜요?

미영 : 나오미 씨가 서울에 와서 지금 **만나러 가고 있어요**.

지윤 씨도 나오미 씨랑 친하지요?

지윤 : 네, 친해요. 어디서 만나요?

미영 : 인사동에서 만나요.

지윤 씨도 오세요.

지금 **출발하면** 몇 시쯤 도착하세요?

지윤 : 지금 **나가면** 40분 안에 도착해요.

두 분 **만나면** 카페에서 기다리세요.

この課の単語と表現 229

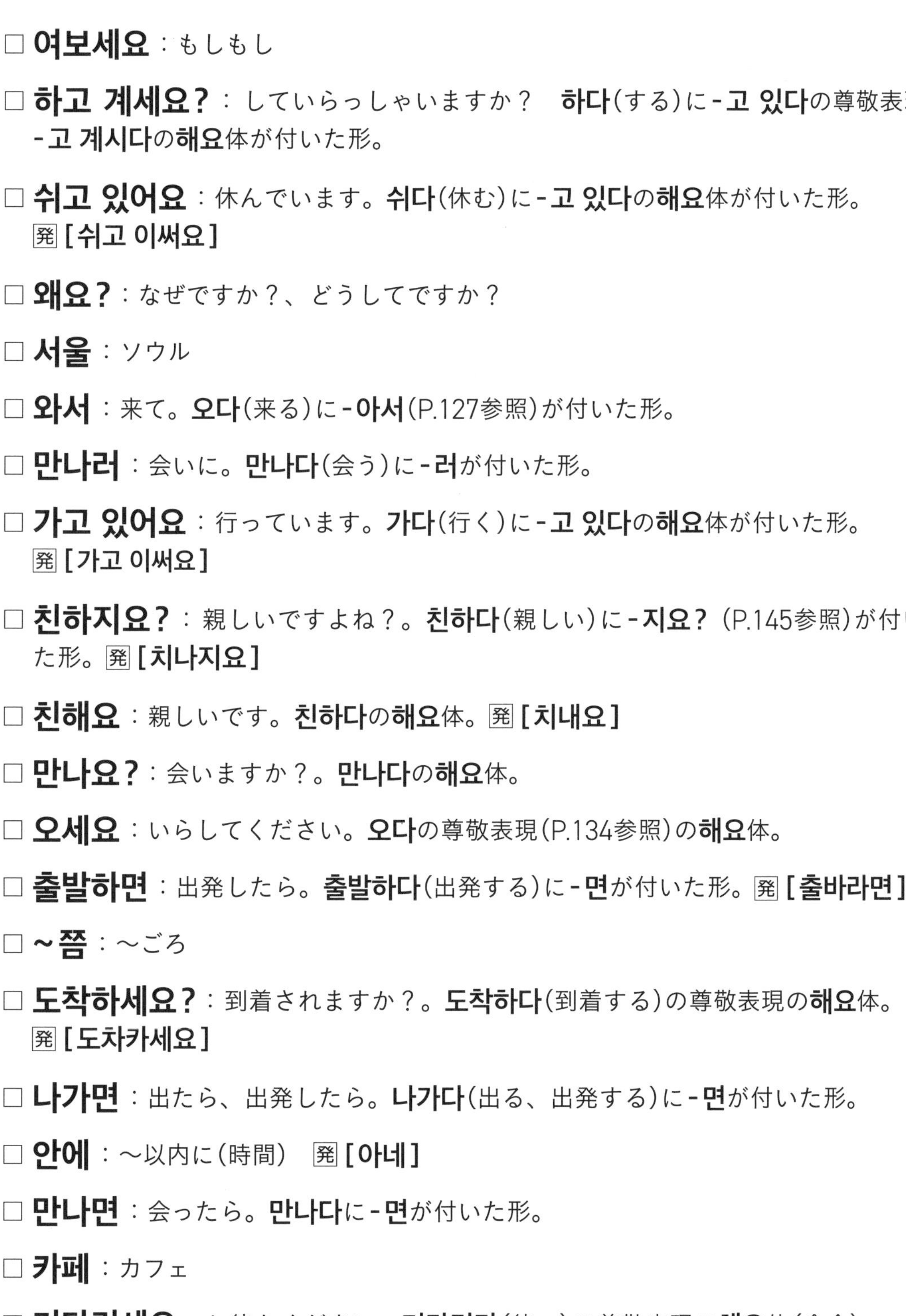

□ **여보세요**：もしもし

□ **하고 계세요?**：していらっしゃいますか？　**하다**（する）に**-고 있다**の尊敬表現**-고 계시다**の**해요**体が付いた形。

□ **쉬고 있어요**：休んでいます。**쉬다**（休む）に**-고 있다**の**해요**体が付いた形。発［**쉬고 이써요**］

□ **왜요?**：なぜですか？、どうしてですか？

□ **서울**：ソウル

□ **와서**：来て。**오다**（来る）に**-아서**（P.127参照）が付いた形。

□ **만나러**：会いに。**만나다**（会う）に**-러**が付いた形。

□ **가고 있어요**：行っています。**가다**（行く）に**-고 있다**の**해요**体が付いた形。発［**가고 이써요**］

□ **친하지요?**：親しいですよね？。**친하다**（親しい）に**-지요?**（P.145参照）が付いた形。発［**치나지요**］

□ **친해요**：親しいです。**친하다**の**해요**体。発［**치내요**］

□ **만나요?**：会いますか？。**만나다**の**해요**体。

□ **오세요**：いらしてください。**오다**の尊敬表現（P.134参照）の**해요**体。

□ **출발하면**：出発したら。**출발하다**（出発する）に**-면**が付いた形。発［**출바라면**］

□ **~쯤**：～ごろ

□ **도착하세요?**：到着されますか？。**도착하다**（到着する）の尊敬表現の**해요**体。発［**도차카세요**］

□ **나가면**：出たら、出発したら。**나가다**（出る、出発する）に**-면**が付いた形。

□ **안에**：～以内に（時間）　発［**아네**］

□ **만나면**：会ったら。**만나다**に**-면**が付いた形。

□ **카페**：カフェ

□ **기다리세요**：お待ちください。**기다리다**（待つ）の尊敬表現の**해요**体（命令）。

疑問詞のまとめ

疑問詞	例文 230
누구 誰	**누구랑 마셔요?** 誰と飲みますか? **옆에 누가 있어요?** となりに誰がいますか? ＊누구は~가（～が）が付くと누가になるので注意。
무엇 / 뭐 何	**거기에 가면 뭐가 있어요?** そこに行ったら何がありますか?
언제 いつ	**언제 한국으로 가세요?** いつ韓国に行かれますか?
어디 どこ	**어디가 더 재미있어요?** どこがより面白いですか?
왜 なぜ	**왜 안 가요?** なぜ行きませんか?
어떻게 どうやって	**회사까지 어떻게 가세요?** 会社までどうやって行かれますか?
어떤 どんな	**어떤 음악을 듣습니까?** どんな音楽を聴きますか?
어느 どの	**어느 식당에서 먹어요?** どの食堂で食べますか?
무슨 何の	**무슨 책을 읽고 있어요?** 何の本を読んでいますか?
몇 いくつ、(直後に助数詞を伴い) 何~	**소주를 몇 병 드셨어요?** 焼酎を何本召し上がったのですか?

얼마 いくら	**값이 얼마예요?** 価格はいくらですか?
얼마나 どのくらい	**얼마나 멀어요?** どのくらい遠いですか?

231

＊疑問詞(**누구、뭐、언제、어디**)＋**-ㄴ가**(〜か)

누군가 誰か　**뭔가** 何か
언젠가 いつか　**어딘가** どこか

＊疑問詞(**누구、뭐、언제、어디、얼마**)＋**~든지**(〜でも)

누구든지 誰でも　**뭐든지** 何でも　**언제든지** いつでも
어디든지 どこでも　**얼마든지** いくらでも

第3章

本編 第13課

確認問題 空欄に正しい疑問詞や疑問表現を入れて文章を完成しましょう。 232

(1) ＿＿＿＿＿ **같이 안 가요?** なぜ一緒に行かないんですか?

(2) **저기에** ＿＿＿＿＿ **있어요.** あそこに誰かいます。

(3) **다음에는** ＿＿＿＿＿ **나라에 가고 싶어요?**
次はどの国に行きたいですか?

(4) ＿＿＿＿＿ **좀 이상해요.** 何か少しおかしいです。

(5) ＿＿＿＿＿ **전화해 주세요.** いつでも電話してください。

(6) **회사까지** ＿＿＿＿＿ **걸려요?**
会社までどれぐらいかかりますか?

(7) **남자 친구는** ＿＿＿＿＿ **사람이에요?** 彼氏はどんな人ですか?

第14課 저도 언젠가 가고 싶어요.

私もいつか行きたいです。

この課の学習ポイント

① 希望表現と希望表現の否定形
-고 싶다 ～したい、-기 싫다 ～したくない
-고 싶어 하다 ～したがる、-기 싫어하다 ～したがらない
② -(으) ㄹ 거예요 ～します(意思·予定)

学習ポイント①

-고 싶다 ～したい
-기 싫다 ～したくない

-고 싶다は動詞語幹に付いて希望を伝える表現、**-기 싫다**はその否定表現です。疑問形にすると相手の希望を聞くこともできます。**싶다**、**싫다**の部分を**합니다**体や**해요**体にして使います。

233

떡볶이를 먹고 싶어요. トッポッキを食べたいです。

뭘 만들고 싶습니까? 何を作りたいですか？

아르바이트를 하기 싫어요. アルバイトをしたくないです。

일하기 싫어요? 仕事したくないですか？

これまでに学んだ表現と与えられた表現、**-고 싶다**、**-기 싫다**を使って**해요**体で終わる文を作りましょう。 234

울다 泣く	**약을 먹다** 薬を飲む	**참다** 我慢する	**이 사람** この人
일어나다 起きる	**일찍** 早く	**결혼하다** 結婚する	**이사하다** 引っ越す

(1) ______________________

引っ越ししたいです。

(2) ______________________

明日は、早く起きたくありません。

(3) ______________________

この人と結婚したいです。

(4) ______________________

薬を飲みたくありませんでした。

(5) ______________________

泣きたかったですが、我慢しました。

-고 싶어 하다　～したがる
-기 싫어하다　～したがらない

第三者の希望表現と、その否定を表す表現です。**싶어 하다**、**싫어하다**の部分を**합니다**体や**해요**体にして使います。

235

친구도 같이 가고 싶어 해요. 友達も一緒に行きたがっています。

술을 먹기 싫어합니다. お酒を飲みたがりません。

例のように二つの文を**-지만**でつなげて**해요**体で終わる文を作りましょう。 236

例) **시골에 살다** 田舎に住む、**딸** 娘、**도시에 살다** 都会に住む

→ **저는 시골에 살고 싶지만 딸은 도시에 살고 싶어 해요.**

私は田舎に住みたいですが、娘は都会に住みたがります。

(1) **술을 마시다** 酒を飲む、**여자 친구** 彼女

→ ＿＿＿＿＿＿＿＿

私は酒を飲みたいですが、彼女は飲みたがらないです。

(2) **집에서 쉬다** 家で休む、**아이** 子ども、**밖에 나가다** 外に出る

→ ＿＿＿＿＿＿＿＿

私は家で休みたいですが、子どもは外へ出たがります。

(3) **형** 兄、**태권도를 배우다** テコンドーを習う

→ ＿＿＿＿＿＿＿＿

兄はテコンドーを習いたがっていますが、私は習いたくありません。

(4) **그때** その時、**유학을 가다** 留学に行く、**지금** 今

→ ＿＿＿＿＿＿＿＿

その時は留学に行きたがりませんでしたが、今は留学に行きたがっています。

学習ポイント②

-(으)ㄹ 거예요 ～します(意志・予定)

-(으)ㄹ 거예요は、用言の語幹に付いて、意志や予定を表します。疑問文の場合は語尾を上げて言います。子音語幹は**-을 거예요**、母音語幹と**ㄹ**語幹(**ㄹ**を取って)は**-ㄹ 거예요**を付けます。発音が**[(으)ㄹ 꺼에요]**となりますが、これはこの本で学んだ濃音化のルールではない、例外的な濃音化です。

거の代わりに**예정**(予定)、**계획**(計画)、**생각**(考え、つもり)を入れて、**-(으)ㄹ 예정이에요**、**계획이에요**、**생각이에요**とも言えます。

237

꼭 합격할 거예요. 必ず合格します。

어떤 소원을 빌 거예요? どんな願いをするつもりですか？（**빌다**：願う）

한국 회사에 취직할 예정이에요. 韓国の会社に就職する予定です。

태권도를 배울 생각이에요. テコンドーを習うつもりです。

与えられた表現と**-(으)ㄹ 거예요**を使って文を完成させましょう。また、日本語訳に合わせて**거**を**예정**、**계획**、**생각**に置き換えましょう。 238

例) **술을 끊다** お酒をやめる → **술을 끊을 거예요.** お酒をやめます。
출발하다 出発する → **밤에 출발할 예정이에요.** 夜に出発する予定です。

(1) **살을 빼다** 痩せる、ダイエットする

→ ＿＿＿＿＿＿＿＿＿＿＿＿＿＿＿＿＿＿＿＿

必ず痩せます。

(2) **토픽 시험을 보다** TOPIK試験を受ける

→ ＿＿＿＿＿＿＿＿＿＿＿＿＿＿＿＿＿＿＿＿

来年、TOPIK試験を受ける計画です。

(3) **먹다** 食べる

→ ＿＿＿＿＿＿＿＿＿＿＿＿＿＿＿＿＿＿＿＿

全州に行ったらビビンバを食べます。

(4) **전화를 걸다** 電話をかける

→ ＿＿＿＿＿＿＿＿＿＿＿＿＿＿＿＿＿＿＿＿

明日電話をかける考えです。

건우 : 내일부터 다음 주 토요일까지 동생과 뉴욕으로 여행을 가요.

지나 : 좋네요… 저도 언젠가 **가고 싶어요**.
뉴욕에서 어디 어디 **갈 거예요**?

건우 : 동생이 브로드웨이에서 뮤지컬을 **보고 싶어 해요**.
저는 자유의 여신상에 **올라가고 싶어요**.

지나 : 미국에 가시면 SNS에 사진 많이 올려 주세요.

건우 : 네, 그렇게 **할 생각이에요**.
그럼 다녀오겠습니다.

この課の単語と表現 240

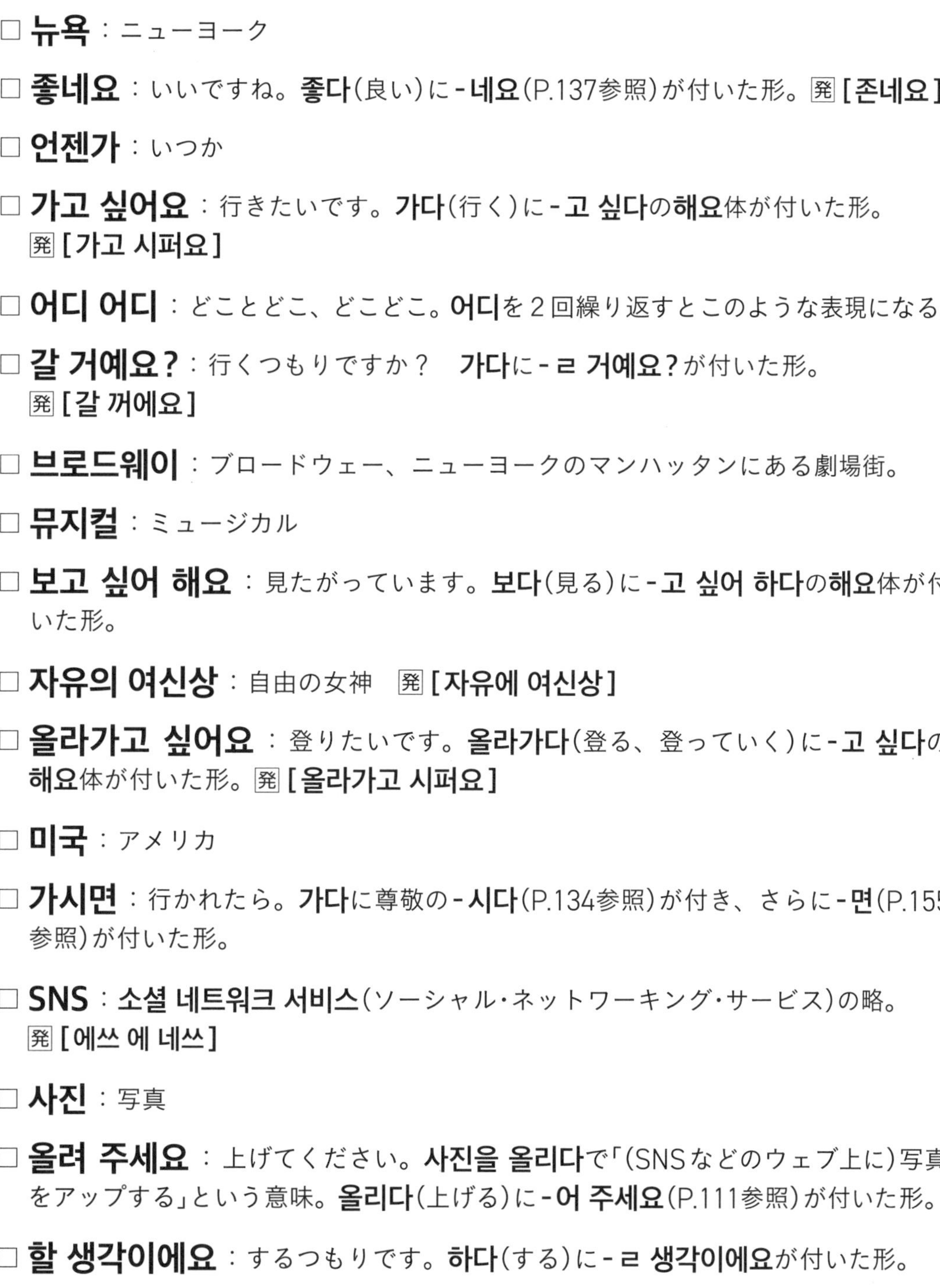

□ **뉴욕**：ニューヨーク

□ **좋네요**：いいですね。**좋다**(良い)に**-네요**(P.137参照)が付いた形。発 **[존네요]**

□ **언젠가**：いつか

□ **가고 싶어요**：行きたいです。**가다**(行く)に**-고 싶다**の**해요**体が付いた形。
発 **[가고 시퍼요]**

□ **어디 어디**：どことどこ、どこどこ。**어디**を２回繰り返すとこのような表現になる。

□ **갈 거예요?**：行くつもりですか？　**가다**に**-ㄹ 거예요?**が付いた形。
発 **[갈 꺼에요]**

□ **브로드웨이**：ブロードウェー、ニューヨークのマンハッタンにある劇場街。

□ **뮤지컬**：ミュージカル

□ **보고 싶어 해요**：見たがっています。**보다**(見る)に**-고 싶어 하다**の**해요**体が付いた形。

□ **자유의 여신상**：自由の女神　発 **[자유에 여신상]**

□ **올라가고 싶어요**：登りたいです。**올라가다**(登る、登っていく)に**-고 싶다**の**해요**体が付いた形。発 **[올라가고 시퍼요]**

□ **미국**：アメリカ

□ **가시면**：行かれたら。**가다**に尊敬の**-시다**(P.134参照)が付き、さらに**-면**(P.155参照)が付いた形。

□ **SNS**：**소셜 네트워크 서비스**(ソーシャル・ネットワーキング・サービス)の略。
発 **[에쓰 에 네쓰]**

□ **사진**：写真

□ **올려 주세요**：上げてください。**사진을 올리다**で「(SNSなどのウェブ上に)写真をアップする」という意味。**올리다**(上げる)に**-어 주세요**(P.111参照)が付いた形。

□ **할 생각이에요**：するつもりです。**하다**(する)に**-ㄹ 생각이에요**が付いた形。

□ **다녀오겠습니다**：「行ってきます」というあいさつ言葉。発 **[다녀오겐씀니다]**

プラスα

助詞のまとめ

◎単語末のパッチムの有無に関係なく同じものが付く助詞 241

~도 ~も	**여동생도 한국어를 공부해요.** 妹も韓国語を勉強しています。
~의[에] ~の	**친구의 공책입니다.** 友達のノートです。
~에 ~に(時間、場所)	**다섯 시에 만나요.** 5時に会います。 **왼쪽에 있어요.** 左にあります。
~하고 ~と	**어머니하고 영화를 봐요.** 母と映画を見ます。
~보다 ~より	**남동생보다 키가 작아요.** 弟より背が低いです。
~에서 ~で(場所) ~から(場所の出発点)	**도서관에서 공부해요.** 図書館で勉強します。 **나고야에서 왔습니다.** 名古屋から来ました。
~부터 ~から(時間、順番)	**아홉 시부터 일해요.** 9時から働きます。 **뭐부터 해요?** 何からしますか。
~까지 ~まで、~までに	**일곱 시까지 잤어요.** 7時まで寝ました。 **세 시까지 갑니다.** 3時までに行きます。
~밖에 ~しか	**오천 원밖에 없어요.** 5000ウォンしかありません。
~만 ~だけ、~のみ	**만 원만 주세요.** 1万ウォンだけ下さい。

- **~의の省略**

  話し言葉では~**의**を省略することが多い。

  친구의 이름 → 친구 이름 友達の名前

  남동생의 핸드폰 → 남동생 핸드폰 弟の携帯電話

  커피의 맛 → 커피 맛 コーヒーの味

- **「~に行く」の「に」は場所の後には~에を、目的の後には~을/를を付けます。**

場所	目的
공원에 가요. 公園に行きます。 **산에 가요.** 山に行きます。 **바다에 가요.** 海に行きます。	**소풍을 가요.** 遠足に行きます。 **등산을 가요.** 登山に行きます。 **낚시를 가요.** 釣りに行きます。

◎単語末のパッチムの有無によって使い分ける助詞 242

助詞	意味	例文
有 **~은** 無 **~는**	~は	**형은** 회사원입니다. 兄は会社員です。 **저는** 일본 사람이에요. 私は日本人です。
有 **~이** 無 **~가**	~が	**학생이** 있어요. 学生がいます。 **누나가** 하나 있어요. 姉が1人います。
有 **~을** 無 **~를**	~を	**물을** 마셔요. 水を飲みます。 **차를** 마셔요. お茶を飲みます。
有 **~이라고** 無 **~라고**	~と(言う)	**박수진이라고** 해요. パク・スジンと言います。 **시미즈 미키라고** 해요. 清水美紀と言います。
有 **~과、~이랑** 無 **~와、~랑**	~と	**여동생과、여동생이랑** 먹어요. 妹と食べます。 **친구와、친구랑** 만나요. 友達と会います。
有 **~으로** 無 **~로** ＊単語末がㄹパッチムの場合も~**로**を付ける。	~へ(方向)、~で(手段)	**부산으로** 가요. 釜山へ行きます。(方向) **손으로** 만들어요. 手で作ります。(手段) **서울로** 가요. ソウルへ行きます。(方向) **종이로** 만들어요. 紙で作ります。(手段)

- **~이/가を使うもの**

  중학생이 돼요. 中学生になります。
  배우가 아니에요. 俳優ではありません。
  그것이(그게) 뭐예요? それは何ですか? ＊前置きなく聞くとき

- **~을/를を使うもの**

  친구를 만나요. 友達に会います。
  버스를 타요. バスに乗ります。
  사과를 좋아해요. リンゴが好きです。
  여행을 가요. 旅行に行きます。
  한국어를 잘해요. 韓国語が上手です。
  비를 맞았어요. 雨に降られました。

復習ドリル⑤

13〜14課で学んだことを確認します。

問題 1 次の音声を聞いて韓国語で書き、日本語で意味を言ってみましょう。(聞き取り)

(1) ______________________ 243

(2) ______________________ 244

(3) ______________________ 245

(4) ______________________ 246

(5) ______________________ 247

問題 2 Bさんの10月のある一週間の予定です。例のようにAさんとBさんの会話を完成させましょう。(読解、ライティング) 248

10월						
9일	10일	11일	12일	13일	14일	15일
월요일	화요일	수요일	목요일	금요일	토요일	일요일
공원 운동하다	도서관 책을 읽다	친구를 만나다		←	부산 여행	→

例) A : 언제 친구를 만날 거예요? → B : 수요일에 친구를 만날 거예요.
いつ友達に会いますか? 水曜日に友達に会います。

(1) A : 무슨 요일에 어디서 운동할 거예요?

→ B : ______________________

(2) A : 10월 며칠에 도서관에서 책을 읽을 생각이에요?

→ B : ______________________

(3) A : 언제부터 언제까지 부산에 갈 예정이에요?

→ B : ______________________

問題 3 下線部の韓国語が間違っています。正しく直しましょう。(語彙・文法) 249

(1) 한국어를 배울 <u>꺼예요</u>. → ____________________
韓国語を習うつもりです。

(2) 지금 만나러 <u>가 있어요</u>. → ____________________
今、会いに行っています。(行っている最中です。)

(3) 책을 <u>읽어면</u> 졸려요. → ____________________
本を読むと眠くなります。

(4) 나는 도시에 <u>살고 싶어 해요</u>. → ____________________
私は都会に住みたいです。

(5) 쇼핑을 <u>하로 가요</u>. → ____________________
ショッピングをしに行きます。

問題 4 (　　)の中に入る正しい言葉を選びましょう。(語彙・文法) 250

(1) 저도 (어딘가/언젠가) 가고 싶어요.
私もいつか行きたいです。

(2) 거기에 (누가/누구가) 있어요?
そこに誰がいますか?

(3) (얼마든지/언제든지) 드세요.
いくらでも召し上がってください。

(4) (무슨/몇) 인분 시키셨어요?
何人前頼みましたか?

(5) (어느/어디) 나라에 가고 싶어요?
どの国に行きたいですか?

対話文の日本語訳

第 1 課（P.050）

リサ　　：こんにちは。私は中野理沙です。
ソンマン：こんにちは。
　　　　　私の名前はキム・ソンマンと言います。
リサ　　：ソンマンさんは大学生ですか？
ソンマン：はい、私は大学生です。お会いできてうれしいです。
リサ　　：（私も）お会いできてうれしいです。

第 2 課（P.058）

サヤ：ユミさんは韓国人ですか？
ユミ：いいえ、私は韓国人ではありません。
　　　日本人です。
サヤ：では、今、大学生ですか？
ユミ：大学生ではなく、会社員です。
　　　サヤさんも日本人ですか？
サヤ：はい、そうです。私も日本人です。

第 3 課（P.066）

ナオト：ヘウンさんは下のきょうだいがいますか？
ヘウン：はい、弟が 1 人います。
ナオト：私は兄弟がいません。
　　　　しかし、家に猫がいます。
ヘウン：あ、そうなんですね。
　　　　ところで、**고양이**は日本語で何と言いますか？
ナオト：猫と言います。

第 4 課 (P.074)

ミユ　　：それは何ですか？
ソンマン：これは韓国語の本です。
ミユ　　：その本はどこにありますか？
ソンマン：この本は図書館にあります。
　　　　　そこにはパソコンもあります。
ミユ　　：あそこはどこですか？
ソンマン：あそこは学生食堂です。
ミユ　　：学生食堂は何がおいしいですか？
ソンマン：カレーとラーメンがおいしいです。

第 5 課 (P.086)

ジョンフン：ミキさん、今日学校に行きますか？
ミキ　　　：はい、行きます。
　　　　　　午前に学校で授業があります。
ジョンフン：午後にも学校に行きますか？
ミキ　　　：いいえ、午前に授業を受けて、午後には故郷に行きます。
ジョンフン：ミキさんの故郷はどこですか？
ミキ　　　：静岡県です。
ジョンフン：静岡県、知っています。
　　　　　　私の友達が下田に住んでいます。

第 6 課 (P.094)

イズミ：ソヨンさん、週末に何しますか？
ソヨン：明日は家で休みます。
　　　　日曜日は姉と映画を見ます。
イズミ：私は全州へ旅行に行きます。
　　　　全州は初めてです。
ソヨン：そこは韓屋村もあって、料理が本当においしいです。
　　　　特にビビンバと豆もやしのクッパが有名です。
イズミ：ありがとうございます。本当に楽しみです。

第 7 課（P.102）

ソンマン：ミユさん、エイミさん、韓国語の勉強どうですか？
ミユ　　：難しいです。
　　　　　しかし英語より難しくありません。
エイミ　：私は韓国語が英語より、はるかに難しいです。
ソンマン：私は日本語はそんなに難しくありませんが
　　　　　英語は難しいです。
ミユ　　：私たちみんな、外国語の勉強頑張りましょう。

第 8 課（P.112）

店員　　：いらっしゃいませ。
イニョン：ケーキ見せてください。
　　　　　今日、妹の誕生日です。
店員　　：そうなんですか。私の誕生日も 10 月 16 日です。
イニョン：わあ！　お誕生日おめでとうございます。
店員　　：ありがとうございます。あ、このイチゴケーキいかがですか？
イニョン：とてもかわいいです。いくらですか？
店員　　：4 万ウォンです。
イニョン：では、これ、下さい。

第 9 課（P.120）

サキ　　：ミニョンさんの妹は何歳ですか？
ミニョン：今、18 歳です。
　　　　　私より 2 歳下です。
サキ　　：では、高校 3 年生ですか？
ミニョン：そうです。
サキ　　：普通何時に学校に行きますか？
ミニョン：7 時くらいに家を出ます。
　　　　　土曜日も学校に行きます。

第 10 課（P.128）

ミヒ　：サオリさん、週末は楽しく過ごしましたか？
サオリ：はい、友達とチャン・スンフのファンミーティングに行ってきました。
ミヒ　：そうでしたか。
　　　　ファンミーティングはどうでしたか？
サオリ：良かったです。
　　　　直接サインをもらって幸せでした。
ミヒ　：とてもうらやましいです。
　　　　写真も撮りましたか？
サオリ：もちろんです。
　　　　本当にうれしかったです。

第 11 課（P.138）

ハナ：ソラさんはどこの国の方でいらっしゃいますか？
ソラ：在日韓国人です。
　　　母が韓国人です。
ハナ：あ、そうなんですか。
　　　日本のどこにお住まいですか？
ソラ：山梨県に住んでいます。
　　　山梨県ご存じですか？
ハナ：はい、知っています。
　　　東京からあまり遠くないです。
ソラ：よくご存じですね。
　　　私の家から富士山も近いです。

第 12 課（P.146）

ジェウ：ミホさんはいつ韓国にいらっしゃいましたか？
ミホ　：おととし 6 月に来ました。
ジェウ：日本でも韓国語を習われていましたか？
ミホ　：いいえ、ハングルだけ覚えて韓国に来ました。
ジェウ：それなのに、こんなに韓国語が上手なんですか？
　　　　すごくびっくりしました。

ミホ　：いいえ。まだまだです。
たくさん教えてください。
ジェウ：もちろんです。
外国語の勉強、楽しいでしょう？
ミホ　：はい！

第 13 課 (P.156)

ミヨン：もしもし。
ジユンさん、今、何されていらっしゃいますか？
ジユン：家で休んでいます。どうしてですか？
ミヨン：ナオミさんがソウルに来たので、今、会いに行っています。
ジユンさんもナオミさんと仲良しですよね？
ジユン：はい、仲良しです。どこで会うんですか？
ミヨン：仁寺洞で会います。
ジユンさんもいらしてください。
今、出発したら何時くらいに到着なさいますか？
ジユン：今出たら 40 分以内に着きます。
お二人会ったら、カフェでお待ちください。

第 14 課 (P.164)

ゴヌ：明日から来週土曜日まで、妹とニューヨークに旅行に行きます。
ジナ：いいですね……。私もいつか行きたいです。
ニューヨークのどこどこに行きますか？
ゴヌ：妹がブロードウェーでミュージカルを見たがっています。
私は自由の女神に登りたいです。
ジナ：アメリカに行ったら SNS に写真たくさんアップしてください。
ゴヌ：はい、そうするつもりです。
では、行ってきます。

解答と解説

■ 第1章

確認問題では、学んだハングルの発音を確かめます。自身の発音が合っているかどうか、音声を聞いて確かめてみましょう。また、注意すべき発音に関しては下記に記します。

STEP 3

(1) **우미**　(2) **야마**　(3) **무시**　(4) **소라**　(5) **마유미**
(6) **요시에**　(7) **호시노**　(8) **노무라**　(9) **슈리**　(10) **나라**
(11) **아오모리**　(12) **아야세**

STEP 6

確認問題3 の解説

(11) **회의 [회이]**：語中に登場する**의**は **[이]** と発音します。

(12) **누나의 시계 [누나에 시게]**：ㅖはㅇとㅅ以外の子音と組み合わさると **[ㅔ]** と発音します。

STEP 7

確認問題2 の解説

パッチムの表記はさまざまですが、発音は3通りです。表記と発音が異なる単語のみ、下記に記します。

(2) **슈퍼마켓 [슈퍼마켄]**　(3) **숲 [숩]**　(5) **부엌 [부억]**
(7) **낮 [낟]**　(8) **장미꽃 [장미꼳]**　(9) **논밭 [논받]**
(10) **히읗 [히읃]**　(11) **가마솥 [가마솓]**　(12) **뜻 [뜯]**
(13) **창밖 [창박]**

STEP 8

確認問題 の解説

複合パッチムもパッチムの表記はさまざまですが、発音は5通りです。

(1) **넋 [넉]**　(2) **삶 [삼]**　(3) **흙 [흑]**　(4) **여덟 [여덜]**

■ 第2章

発音変化の問題です。[　　]内に実際の発音を記します。単語のつづりと実際の発音がどう異なるのか、丁寧に確認し、音声も併せて聞いていきましょう。

STEP 9

(1)강아지[강아지] (2)앉으세요[안즈세요] (3)놓으세요[노으세요]
(4)맛있어요[마시써요] (5)편의점[펴니점] (6)밖에[바께]
(7)같아요[가타요] (8)싫어요[시러요]

STEP 10

確認問題1

(1)합격[합껵] (2)입구[입꾸] (3)몇 개[멷 깨]
(4)식사[식싸] (5)걷다[걷따] (6)어렵지요?[어렵찌요]
(7)젓가락[젇까락] (8)약국[약꾹] (9)약속[약쏙]
(10)입술[입쑬]

確認問題2

(1)축하[추카] (2)못 해요[모 태요] (3)부탁해요[부타캐요]
(4)좋지요?[조치요] (5)착하다[차카다] (6)몇 학기[며 탁끼]
(7)싫다[실타] (8)북한[부칸]

❗(2)못のㅅパッチムの発音は[ㄷ]です。激音化する際は[ㄷ]とㅎが合体し[ㅌ]になります。(6)몇のㅊパッチムの発音は[ㄷ]です。激音化する際は[ㄷ]とㅎが合体し[ㅌ]になります。학기[학끼]も濃音化が起こるので注意。

STEP 11

確認問題1

(1)옛날[옌날] (2)감사합니다[감사함니다] (3)맞니?[만니]
(4)좋네요[존네요] (5)몇 명[면 명] (6)못 먹어요[몬 머거요]
(7)백 마리[뱅 마리] (8)밖만[방만]

❗[ㅂ][ㄷ][ㄱ]で発音されるパッチムには、さまざまなハングルがあります。まずはP.027で、[ㅂ][ㄷ][ㄱ]で発音されるパッチムをしっかり把握するところから始めましょう。(6)먹어요[머거요]と連音化も起こるので注意。

確認問題2　タイプ2の鼻音化の後にタイプ1の鼻音化が起こるものに関しては、その過程を示します。

(1)정류장[정뉴장] (2)동료[동뇨]
(3)협력→[협녁]→[혐녁] (4)컵라면→[컵나면]→[컴나면]
(5)금리[금니] (6)법률→[법뉼]→[범뉼]
(7)착륙→[착뉵]→[창뉵] (8)확률→[확뉼]→[황뉼]

確認問題3

(1) **설날 [설랄]** (2) **연락 [열락]** (3) **칠 년 [칠 련]**
(4) **별나라 [별라라]** (5) **만리장성 [말리장성]** (6) **열넷 [열렌]**
(7) **관리 [괄리]** (8) **진로 [질로]** (9) **입원료 [이붠뇨]**
(10) **동원령 [동원녕]**

❗ (9)(10)は「入院＋料」「動員＋令」で合成漢字語なので[ㄴ ㄴ]と発音されます。

STEP 12

確認問題1　ナチュラルスピードで話され、ㅎ弱音化が起きた時の発音を記しています。

(1) **여행 [여앵]** (2) **문화 [무놔]** (3) **미안해요 [미아내요]**
(4) **전화번호 [저놔버노]** (5) **남한 [나만]** (6) **안녕하세요 [안녕아세요]**
(7) **간호사 [가노사]** (8) **공항 [공앙]**

確認問題2　ㄴ挿入が起きた後に鼻音化や流音化が起こるものに関しては、その過程を示します。

(1) **십육→[십뉵]→[심뉵]**（鼻音化） (2) **백육→[백뉵]→[뱅뉵]**（鼻音化）
(3) **담요 [담뇨]** (4) **그림엽서 [그림녑써]**
(5) **한국 영화→[한국 녕와]→[한궁 녕와]**（鼻音化）
(6) **꽃잎→[꼳닙]→[꼰닙]**（鼻音化）
(7) **알약→[알냑]→[알략]**（流音化）
(8) **스물여섯→[스물녀섣]→[스물려섣]**（流音化）

❗ 数字は二つの語からなる合成語なので発音変化が起こります。(4) **엽서 [엽써]** と濃音化も起こるので注意。(5) **영화 [영와]** とㅎ弱音化も起こるので注意。(6) **잎 [입]** とㅍパッチムの実際の発音は[ㅂ]です。

確認問題3

(1) **해돋이 [해도지]** (2) **굳이 [구지]** (3) **끝이에요 [끄치에요]**
(4) **닫히다 [다치다]** (5) **티슈 [티슈]** (6) **한마디 [한마디]**

❗ 問題の中には口蓋音化が起こらないものも交ざっています。(5)(6)は口蓋音化は起きていません。混乱しないように気を付けましょう。

日本語のハングル表記

(1) **도쿄** (2) **롯폰기** (3) **벳푸** (4) **요코즈나**
(5) **오노** (6) **긴자** (7) **신주쿠** (8) **규슈**

■ 第3章

本書の本編でもある３章は、さまざまな問題が出題されます。答え合わせをし、必要に応じて解説を読み、理解を深めていきましょう。

第1課

学習ポイント①

(1)은　(2)는　(3)은　(4)는

学習ポイント②

(1)**마리코입니다、일본 사람입니다**　(2)**지훈입니다、한국 사람입니다**

学習ポイント③

(1)는、**이에요**　(2)은、**예요**　(3)는、**예요**　(4)은、**이에요**
(5)는、**예요**　(6)은、**이에요**　(7)는、**예요**

学習ポイント④

(1)는、**라고 합니다**　(2)는、**이라고 합니다**
(3)은、**이라고 합니다**　(4)은、**라고 합니다**

! 会話では~**의**(~の)を省略することが多いので、(3)(4)の問題文では**아들의 이름**(息子の名前)、**딸의 이름**(娘の名前)と言わず、**아들 이름**、**딸 이름**となっています。

第2課

学習ポイント①

(1)**미국 사람이 아니에요、배우가 아니에요**
(2)**일본 사람이 아닙니다、선생님이 아닙니다**

! **아닙니다**と**아니에요**のどちらを使っても構いません。(1)の質問で**이에요/예요?**、(2)の質問で**입니까?**と聞かれているので、それぞれに合わせた解答になっています。

学習ポイント②

(1)**이、이에요**　(2)**이、이에요**　(3)**가、예요**　(4)**이、이에요**

学習ポイント③

(1)**도、이에요**　(2)**도、입니다**

! (1)は**한국 사람입니다**と、(2)は**회사원이에요**と答えても構いません。

第3課

学習ポイント①

(1)**이**　(2)**이**　(3)**가**

❗ (1)**둘**は「2、二つ」を表す単語です(P.116参照)。ここでは「2人」の意味で使われています。

学習ポイント②

(1)**은、가、없어요**　(2)**이、있어요**　(3)**도、이、있어요**　(4)**은、없어요**

❗ これまでに学んだ助詞、~**은/는**、~**도**、~**이/가**を使った問題です。適切な助詞を選ぶことができましたか？ (2)**하나**は「1、一つ」を表す単語です(P.116参照)。ここでは「1人」の意味で使われています。

学習ポイント③

(1)**에、이**　(2)**에、가**　(3)**에、이**

学習ポイント④

(1)**뭐라고 해요、라고 해요**　(2)**뭐라고 해요、이라고 해요**
(3)**한국어로、해요、라고**

第4課

学習ポイント①

(1)**저**　(2)**이**　(3)**그**

学習ポイント②

(1)**그것(그거)**　(2)**저것은(저건)**
(3)**이것은(이건)**　(4)**저것이(저게)**もしくは**저것은(저건)**

❗ (4)の問題では前置きなしに聞いているのかどうかは分かりませんので、**저것이(저게)**、**저것은(저건)**、どちらでも回答として可能です。

学習ポイント③

(1)**여기**　(2)**저기**

学習ポイント④

(1)**과、하고、이랑／와、하고、랑**
(2)**과、하고、이랑／와、하고、랑**

プラスα

(1)**어디에、밑에**もしくは**아래에**　(2)**어디에、밖에**
(3)**근처에、앞에**　(4)**안에**　(5)**옆에、맞은편에**

復習ドリル①

問題 1

(1)**저는 미유키라고 합니다.**(私はみゆきと申します。)
(2)**만나서 반가워요.**(お会いできてうれしいです。)
(3)**오늘이 아니라 내일이에요.**(今日ではなくて明日です。)
(4)**오늘은 아르바이트가 없습니다.**(今日はアルバイトがありません。)
(5)**고양이는 일본어로 뭐라고 해요?**(**고양이**は日本語で何と言いますか?)

問題 2

(回答例)

①**안녕하세요? 저는 모리타 미사키라고 합니다. 일본 사람입니다. 주부입니다. 반갑습니다.**
②**안녕하세요? 저는 다나카 유토라고 해요. 일본 사람이에요. 회사원이에요. 만나서 반가워요.**

問題 3

(1)**저**　(2)**아닙니다**　(3)**예요**　(4)**김철수 씨(철수 씨)**

! (1)**저거**は「あれ」という意味。(2)の発音は**[아님니다]**ですが、つづりが異なるので注意。(3)パッチムなしの単語に付くのは**예요**で**에요**ではないので注意。(4)「〜さん」を表す**씨**は、名字だけに付けると失礼な言い方になるのでフルネームに付けるか、名前のみに付けるかのどちらかにしましょう。

問題 4

(問題文の日本語訳)
ここは教室です。教室の中に机と椅子があります。
コンピューターはありません。コンピューターは図書館にあります。
教室の外にはトイレがあります。

(問題文の日本語訳)
(1)ここはどこですか?
(2)教室の中に何がありますか?

(3)コンピューターはどこにありますか？
(4)トイレはどこにありますか？

(1)**교실이에요.**　(2)**책상과 의자가 있어요.**　(3)**도서관에 있어요.**
(4)**교실 밖에 있어요.**

❗ (1)は**교실입니다**と言うこともできます。(2)～(4)は**있어요**を**있습니다**と言うこともできます。

問題5

(1)**이라고**　(2)**와**　(3)**이**　(4)**에**

第5課

学習ポイント①

(1)**재미없습니다**　(2)**큽니까**　(3)**멉니까**　(4)**만듭니다**　(5)**책입니다**

❗ (1)**재미없다**(つまらない)は子音語幹なので**-습니다**。(2)**크다**(大きい)は母音語幹なので**-ㅂ니까?**。(3)(4)**멀다**(遠い)、**만들다**(作る)は**ㄹ**語幹なので、**ㄹ**を取って**-ㅂ니까?**、**-ㅂ니다**。(5)**책이다**(本だ)は名詞**책**(本)に指定詞**이다**が付いた形なので、名詞に～**입니다**を付けます。

学習ポイント②

(1)**영화를 봅니다.**　(2)**밥을 먹습니까?**　(3)**이야기를 듣습니다.**
(4)**책을 읽습니다.**　(5)**빨래를 합니까?**　(6)**문을 엽니다.**

❗ (2)(5)は疑問形なので**-습니까**、**-ㅂ니까?**が付きます。(6)**열다**(開ける)は**ㄹ**語幹なので、**ㄹ**を取って**-ㅂ니다**を付けます。それ以外は母音語幹なのか子音語幹なのかを見分けて適切な語尾を付けましょう。

学習ポイント③

(1)**듣고 따라 합니다.**　(2)**청소를 하고 쉽니다.**　(3)**싸고 맛있습니다.**
(4)**키가 크고 멋있습니다.**

❗ (3)**맛있다**(おいしい)と(4)**멋있다**(かっこいい)、つづりがとてもよく似ているので注意して覚えましょう。

第6課

学習ポイント①

(1)**맛있습니다、맛있어요**　(2)**만납니다、만나요**　(3)**봅니다、봐요**
(4)**외웁니다、외워요**　(5)**엽니다、열어요**　(6)**다닙니다、다녀요**
(7)**지각합니다、지각해요**　(8)**하나가 됩니다、하나가 돼요**
(9)**일본 사람입니다、일본 사람이에요**　(10)**남자 친구입니다、남자 친구예요**

❗ **합니다**体の作り方は第5課を確認しましょう。**해요**体を作るときはまず陽母音語幹か陰母音語幹かを見極め**-아요**を付けるのか**-어요**を付けるのかを判断します。その上で、子音語幹なのか母音語幹なのか、さらに母音語幹の場合は語幹末の母音が何であるかでタイプごとの接続をします。

(1)**맛있다**(おいしい)は陰母音語幹、子音語幹(タイプ1)
(2)**만나다**(会う)は陽母音語幹、母音語幹で語幹末の母音が**ㅏ**(タイプ2)
(3)**보다**(見る)は陽母音語幹、母音語幹で語幹末の母音が**ㅗ**(タイプ3)
(4)**외우다**(覚える)は陰母音語幹、母音語幹で語幹末の母音が**ㅜ**(タイプ3)
(5)**열다**(開ける)は陰母音語幹、子音語幹(タイプ1)。**ㄹ**語幹なので**합니다**体にも注意。
(6)**다니다**(通う)は陰母音語幹、母音語幹で語幹末の母音が**ㅣ**(タイプ3)
(7)**지각하다**(遅刻する)は**하다**用言(タイプ4)
(8)~**이/가 되다**(~になる)を使った問題(タイプ4)
(9)(10)それぞれ名詞に指定詞**이다**が付いた表現なので、名詞に~**이에요**/**예요**を付けます。

学習ポイント②

(1)**에서、을、기다려요**　(2)**에서、을、읽어요**
(3)**은、에서**もしくは**서、사요**　(4)**에서、를、만들어요**

❗ (1)**기다리다**(待つ)は陰母音語幹、母音語幹で語幹末の母音が**ㅣ**(タイプ3)
(2)**읽다**(読む)は陰母音語幹、子音語幹(タイプ1)
(3)**사다**(買う)は陽母音語幹、母音語幹で語幹末の母音が**ㅏ**(タイプ2)
(4)**만들다**(作る)は陰母音語幹、子音語幹(タイプ1)

学習ポイント③

(1)**로、으로**　(2)**로**

❗ (2)**교실**(教室)は**ㄹ**パッチムで終わっているので~**로**が付きます。

第7課

学習ポイント①

(1)**먹지 않다 / 안 먹어요**

(2)**안 입다、입지 않다 / 안 입어요、입지 않아요**
(3)**재미없다 / 재미없어요**
(4)**빨래 안 하다、빨래하지 않다 / 빨래 안 해요、빨래하지 않아요**
(5)**말 안 하다、말하지 않다 / 말 안 해요、말하지 않아요**

❗ **해요**体の作り方がまだ身に付いていない人は第6課を再度確認しましょう。(3)形容詞〇〇**있다**の否定形は〇〇**없다**であることから、**재미있다**(面白い)の否定形は**재미없다**(つまらない)。(4)(5)は共に「名詞＋**하다**」から成る動詞なので、否定形は「〈名詞〉＋**안 하다**」となります。

学習ポイント②

(1)**남동생은 있지만 오빠는 없습니다.**
(2)**맥주는 마시지만 소주는 안 마십니다.**
(3)**이름은 모르지만 얼굴은 압니다.**
(4)**일요일이지만 회사에 갑니다.**

❗ (3)**알다**(知っている)はㄹ語幹なので**합니다**体の作り方に注意。(4)は**일요일이다**(日曜日だ)は名詞**일요일**(日曜日)に指定詞**이다**が付いた形なので名詞に～**이지만**を付けます。

プラスα

(1)**쓰고、씁니다**　(2)**깁니다**　(3)**넓습니다**　(4)**좁습니다**

❗ (1)「使って」なので**쓰다**(使う)に**-고**(P.085)を付けます。(2)**길다**(長い)はㄹ語幹なので**합니다**体の作り方に注意しましょう。

復習ドリル②

問題1

(1)**한국어 공부 어때요?**（韓国語の勉強はどうですか？）
(2)**고향은 어디예요?**（故郷はどこですか？）
(3)**저는 한국어가 영어보다 훨씬 어려워요.**(私は韓国語が英語よりはるかに難しいです。)
(4)**일요일은 언니하고 영화를 봐요.**（日曜日は姉と映画を見ます。）
(5)**주말에 뭐 해요?**（週末に何しますか？）

問題2

(1)**엽니다**　(2)**마시지만**　(3)**기대돼요**　(4)**말 안 합니다**　(5)**작고**

❗ (1)**열다**(開ける)はㄹ語幹なので**ㄹ**を取って**-ㅂ니다**を付けます。(2)逆接の**-지만**(P.101)は語幹にそのまま付くので、**마시다**(飲む)の語幹**마시**＋**-지만**となります。

(3)**되다**の**해요**体は**돼요**です。(4)**말하다**(言う)のように「名詞＋**하다**」から成る動詞の否定形は「〈名詞〉＋**안 하다**」です。(5)並列の**-고**(P.085)は語幹にそのまま付くので、**작다**(小さい)の語幹**작**＋**-고**となります。

問題 3

(1)**가**　(2)**에서**　(3)**로**　(4)**을**　(5)**서**

❗ (1)「～になる」は~**이/가 되다**です。(3)方向を表す助詞~**으로/로**は、ㄹで終わる名詞に付くときは~**로**です。(4)「旅行に行く」は**여행을 가다**。(5)「～で」を表す助詞~**에서**は、**여기**に付くと**여기서**と略されます。

問題 4

(1)明日来ます。／**내일 와요.**　(2)福岡に住んでいます。／**후쿠오카에 삽니다.**
(3)あの本ですか？／**저 책이에요?**　(4)それはつまらないです。／**그건 재미없습니다.**
(5)午後に出発します。／**오후에 출발해요.**

❗ (1)**오다**(来る)は陽母音語幹、母音語幹で語幹末が母音ㅗ(タイプ3)。(2)**살다**(住む)はㄹ語幹なので**합니다**体の作り方に注意。(3)名詞に付く~**입니까?**の**해요**体は~**이에요?/예요?**。(5)**출발하다**(出発する)は**하다**用言なので**출발해요**になります。

第8課

学習ポイント①

(1)**육백칠십팔만 천이백오**　(2)**만 칠천 원**　(3)**일 교시**
(4)**이십사 층**　(5)**백칠십오 센티(미터)**　(6)**삼십일 도**
(7)**팔 과**　(8)**일 학년**

❗ (1) 678万1205なので、678万→**육백칠십팔만**、1205→**천이백오**になります。(2)**일 만**と言わないことに注意しましょう。(5)**센티**でも**센티미터**でも可能。

学習ポイント②

(1)**몇 년、이천이십팔 년**　(2)**몇 월、며칠、유월、이십일 일**
(3)**몇、칠백오십**

学習ポイント③

(1)**말해 주세요.**　(2)**떡볶이 이 인분 주세요.**
(3)**내일 와 주세요.**　(4)**이것(이거) 치워 주세요.**

❗ **-아/어**が接続する際の注意は**해요**体を作るときと同じです。

第9課

学習ポイント①

確認問題 1

(1)**스물다섯**　(2)**열둘**　(3)**쉰하나**　(4)**예순여섯**

確認問題 2

(1)**병、잔**／2、5　(2)**그릇**／1　(3)**마리、마리**／3、1
(4)**권**／4　(5)**살**／16　(6)**사람**または**명**／5
(7)**명**／20　(8)**벌**／1　(9)**군데**／2

学習ポイント②

確認問題 1

(1)**무슨 요일**　(2)**월요일**　(3)**일주일、세**　(4)**주말**

確認問題 2

(1)**한、세、까지**　(2)**세 시 반부터 다섯 시까지**　(3)**여섯 시**

プラスα

(1)**다음 주에 만나요.**　(2)**아침에 빨래해요.**
(3)**다음 달에 졸업해요.**　(4)**올해 중학생이 돼요.**

❗ (4)**올해**(今年)なので、~**에**(~に)は付けません。それ以外のものは、日本語訳にたとえ「~に」がなくても~**에**を入れます。

第10課

学習ポイント①

(1)**앉았다、앉았어요**　(2)**만났다、만났어요**　(3)**지웠다、지웠어요**
(4)**보냈다、보냈어요**　(5)**좋았다、좋았어요**　(6)**다녔다、다녔어요**
(7)**중학생이 됐다、중학생이 됐어요**　(8)**입학했다、입학했어요**
(9)**사랑했다、사랑했어요**　(10)**따뜻했다、따뜻했어요**
(11)**학생이었다、학생이었어요**　(12)**친구였다、친구였어요**

❗ 過去形の**-았다**/**었다**の接続は**해요**体の**-아요**/**어요**を接続するときのルールと同じです。陽母音語幹か陰母音語幹かを見極め**-았다**を付けるのか**-었다**を付けるのかを判断します。その上で、子音語幹なのか母音語幹なのか、さらに母音語幹の場合は語幹末の母音が何であるかでタイプごとの接続をします。

学習ポイント②

(1)**학생이어서 돈이 없었어요.**　(2)**맛있어서 많이 먹었어요.**
(3)**피곤해서 잤어요.**

❗ (1)**학생이어서**は**학생이라서**と言うこともできます。

プラスα

(1)**모아요、모아서、모았어요**　(2)**배고파요、배고파서、배고팠어요**
(3)**나빠요、나빠서、나빴어요**　(4)**아파요、아파서、아팠어요**
(5)**슬퍼요、슬퍼서、슬펐어요**　(6)**기뻐요、기뻐서、기뻤어요**

復習ドリル③

問題1

(1)**교시** (読み方)**일 교시**　(2)**살** (読み方)**스무 살**
(3)**인분** (読み方)**이 인분**　(4)**번** (読み方)**다섯 번**
(5)**학년** (読み方)**삼 학년**

❗ (2)**스물**(20)は後ろに助数詞が付くと**스무**になるので注意。(4)**번**は「回」を表したいときは固有数詞を使います。漢数詞を使うと「番」の意味になるので注意。(5)**삼 학년**の発音は**[사 망년]**になるので注意。

問題2

(1)**새벽 세 시 반이에요.**
深夜の3時半です。

(2)**일곱 시 십오 분이에요.**
7時15分です。

(3)**오후 두 시 십 분 전이에요.**
午後2時の10分前です。

(4)**열한 시 정각이에요.**
11時ちょうどです。

問題3

(1)**맛있어서**　(2)**바빴어요**　(3)**갔다 왔어요**
(4)**안내해 주세요**　(5)**학생이었어요**

❗ (1)**-아서/어서**は、過去のことを言う場合もそのまま**-아서/어서**を付けるだけです(P.127参照)。(2)**바쁘다**(忙しい)は**으**変則活用(P.130)するので**바빴어요**になります。(3)**갔다 오다**で「行ってくる」という意味の単語。(4)**안내하다**(案内する)に**-아/어 주세요**を付けます。(5)名詞に付く過去形は~**이었다/였다**で、**학생**(学生)はパッチムあり名詞なので~**이었다**が付き、**해요**体は~**이었어요**。

問題4

(1)**너무 기뻐서 눈물이 났어요.**　(2)**여름이어서(여름이라서) 선글라스를 썼어요.**
(3)**허리가 아파서 병원에 갔어요.**

❗ ここに出てくる**기쁘다**(うれしい)、**쓰다**(掛ける)、**아프다**(痛い)は、全て**으**変則活用する用言です(P.130参照)。(2)「夏なので」は**여름**(夏)に~**이어서**もしくは~**이라서**を付けます(P.127参照)。

第11課

学習ポイント①

(1)**읽으시다、읽으세요**　(2)**바쁘시다、바쁘세요**　(3)**아시다、아세요**
(4)**잘하시다、잘하세요**　(5)**말씀하시다、말씀하세요**　(6)**드시다、드세요**
(7)**안 계시다、안 계세요**　(8)**일본 분이시다、일본 분이세요**

❗ (3)**알다**(知る)は**ㄹ**語幹なので**ㄹ**を取って**-시다**を付けます。
(5)(6)はそれぞれ特別な尊敬表現があるので、それらを使います。
(7)**없다**を「(人が)いない」の意味で使う場合、**안 계시다**という尊敬表現になります。
(8)名詞に指定詞**이다**が付いた表現なので、名詞に~**이시다**、~**이세요**を付けます。

学習ポイント②

(1)**이 반찬이 정말 맛있네요.**　(2)**아기가 우네요.**　(3)**여기에는 없네요.**
(4)**오늘은 일요일이네요.**　(5)**아주 덥네요.**

❗ (2)**울다**(泣く)は**ㄹ**語幹なので**ㄹ**を取って**-네요**を付けます。

プラスα

(1)**주소가**　(2)**전화번호가**　(3)**형제가**
(4)**약속 시간이**

第12課

学習ポイント①

(1)**앉으셨다、앉으셨어요**　(2)**노셨다、노셨어요**
(3)**나가셨다、나가셨어요**　(4)**예쁘셨다、예쁘셨어요**
(5)**만드셨다、만드셨어요**　(6)**기다리셨다、기다리셨어요**
(7)**운동하셨다、운동하셨어요**　(8)**드셨다、드셨어요**
(9)**돌아가셨다、돌아가셨어요**　(10)**계셨다、계셨어요**
(11)**없으셨다、없으셨어요**　(12)**주무셨다、주무셨어요**
(13)**주부셨다、주부셨어요**　(14)**선생님이셨다、선생님이셨어요**

❗ (2)**놀다**(遊ぶ)、(5)**만들다**(作る)は**ㄹ**語幹なので**ㄹ**を取って**-셨다**を付けます。
(8)(9)(10)はそれぞれ尊敬表現があるので、それらを使います。
(11)**없다**を「ない」の意味で使う場合、**안 계시다**(いらっしゃらない)ではなく**없으시다**(おありでない、持っていらっしゃらない)になるところに注意しましょう。
(13)(14)名詞に指定詞**이다**が付いた表現なので、名詞に~**이셨다/셨다**、~**이셨어요/셨어요**を付けます。

学習ポイント②

(1)**오후는 바쁘지요?**　(2)**시험이 내일이지요?**
(3)**겨울이 왔지요?**　(4)**어제 술을 드셨지요?**

❗ 全て、**-죠?**と言うこともできます。

プラスα

(1)**께서는、이세요**　(2)**께서、말씀하세요**

復習ドリル④

問題 1

(1)**앉으세요、앉으셨어요** (2)**드세요、드셨어요**
(3)**아세요、아셨어요** (4)**바쁘세요、바쁘셨어요**
(5)**말씀하세요、말씀하셨어요** (6)**회사원이세요、회사원이셨어요**

❗ (2)(5)は特別な尊敬表現があるのでそれを使う必要があります。(3)**알다**(知る)はㄹ語幹なのでㄹを取って語尾を付けます。

問題 2

(1)**재일 교포예요.**(在日韓国人です。)
(2)**아기가 우네요.**(赤ちゃんが泣いていますね。)
(3)**깜짝 놀랐어요.**(びっくりしました。)
(4)**재작년 6월에 왔어요.**(おととしの6月に来ました。)

問題 3

(1)**휴일이네요** (2)**멀었어요** (3)**계세요**
(4)**배우셨어요** (5)**어느 나라 분이세요?**

❗ (1)**휴일**(休日)は名詞なので~**이네요**が付きます。(2)**아직 멀었어요**で「まだまだです」という表現で、必ず過去形で使います。(3)**있으시다**は「ある」の意味で使う**있다**の尊敬表現。「いる」の場合は**계시다**を使うので、**계세요**となります。(4)**배우다**(習う)を尊敬表現の過去形にするには**-셨다**を付け、その**해요**体なので**배우셨어요**。(5)**분**は名詞なので~**이시다**の**해요**体~**이세요**が付きます。

問題 4

(1)**에서** (2)**만** (3)**를** (4)**께서**

❗ (1)場所の出発点を表すので~**에서**を使います。(2)~**밖에**は「~しか」を表す助詞。(3)「~が上手だ」は~**을**/**를 잘하다**。(4)助詞「~が」の尊敬表現は~**께서**。

第13課

学習ポイント①

(1)**슈퍼마켓에서 팔고 있어요.** (2)**친구를 만나고 있었어요.**
(3)**도쿄에 살고 있어요.** (4)**편지를 쓰고 있었어요.**

❗ (2)「~に会う」は~**을**/**를 만나다**と、助詞の~**을**/**를**(~を)を使うことに注意しましょう。

学習ポイント②

(1)**도서관 / 읽으러 / 빌리러**　(2)**서울 / 관광하러 / 보러**
(3)**편의점 / 사러 / 찾으러**

学習ポイント③

(1)**바쁘면 내일 가요.**　(2)**거기에 가면 팔아요.**
(1)**책을 읽으면 졸려요.**　(4)**함께 놀면 더 재미있어요.**
(4)**놀다**はㄹ語幹なので、**-으면**ではなく**-면**が付きます。

プラスα

(1)**왜**　(2)**누군가**　(3)**어느**　(4)**뭔가**
(5)**언제든지**　(6)**얼마나**　(7)**어떤**

第14課

学習ポイント①

確認問題1

(1)**이사하고 싶어요.**　(2)**내일은 일찍 일어나기 싫어요.**
(3)**이 사람하고 결혼하고 싶어요.**　(4)**약을 먹기 싫었어요.**
(5)**울고 싶었지만 참았어요.**

(3)**이 사람하고**の他に、**이 사람과**、**이 사람이랑**と言うことが可能です(P.073参照)。(4)「飲みたくありませんでした」と過去形なので、**-기 싫다**に**해요**体の過去形を付ける必要があります。**싫다**は陰母音語幹の子音語幹なので**-었어요**が付きます。(5)「泣きたかった」は**울고 싶었다**ですが、「泣きたかったですが」と逆接の表現なので、**-지만**(P.101参照)をさらに付け、**울고 싶었지만**となります。**참다**(我慢する)も**-았어요**を付けて過去形にするのを忘れないようにしましょう。

確認問題2

(1)**저는(전) 술을 마시고 싶지만 여자 친구는 마시기 싫어해요.**
(2)**저는(전) 집에서 쉬고 싶지만 아이는 밖에 나가고 싶어 해요.**
(3)**형은 태권도를 배우고 싶어 하지만 저는(전) 배우기 싫어요.**
(4)**그때는 유학을 가기 싫어했지만 지금은 유학을 가고 싶어 해요.**

(1)(2)(3)の**저는(전)**は**나는(난)**と言っても大丈夫です。(4)は「行きたがりませんでしたが」と過去形なので、**가기 싫어하다**を過去形にする必要があり、**가기 싫어했다**となります。そこに**-지만**を付けます。

学習ポイント②

(1)**꼭 살을 뺄 거예요.**　(2)**내년에 토픽 시험을 볼 계획이에요.**
(3)**전주에 가면 비빔밥을 먹을 거예요.**　(4)**내일 전화를 걸 생각이에요.**

❗ (2)**내년**(来年)は~**에**を付けて使います(P.123参照)。(3)第6課の対話文に出て来た**전주**(全州)、**비빔밥**(ビビンバ)などの単語を使って作文します。「行ったら」は**가다**(行く)に、仮定の語尾**-면**(P.155)を接続します。(4)は「かける考えです」なので、**-(으)ㄹ 생각이에요**となります。また、**걸다**(かける)は**ㄹ**語幹なので**ㄹ**を取って**-ㄹ 생각이에요**を付けます。

復習ドリル⑤

問題1

(1)**편의점에 도시락을 사러 가요.**(コンビニにお弁当を買いに行きます。)
(2)**SNS에 사진 많이 올려 주세요.**(SNSに写真たくさんアップしてください。)
(3)**지금 출발하면 몇 시쯤 도착하세요?**(今出発したら、何時ごろ到着なさいますか?)
(4)**저는 자유의 여신상에 올라가고 싶어요.**(私は自由の女神に登りたいです。)
(5)**창문을 열면 보여요.**(窓を開ければ見えます。)

問題2

(表の日本語訳)

10月						
9日	10日	11日	12日	13日	14日	15日
月曜日	火曜日	水曜日	木曜日	金曜日	土曜日	日曜日
公園 運動する	図書館 本を読む	友達と会う		←	釜山旅行	→

(1)A:**무슨 요일에 어디서 운동할 거예요?**　何曜日にどこで運動しますか?
B:**월요일에 공원에서 운동할 거예요.**　月曜日に公園で運動します。
(2)A:**10월 며칠에 도서관에서 책을 읽을 생각이에요?**
10月何日に図書館で本を読むつもりですか?
B:**10월 10일에 읽을 생각이에요.**
10月10日に読むつもりです。
(3)A:**언제부터 언제까지 부산에 갈 예정이에요?**
いつからいつまで釜山に行く予定ですか?
B:**10월 13일부터 15일까지 갈 예정이에요.**
10月13日から15日まで行く予定です。

❗ (2)**10월**はハングル表記で**시월**です。**십월**ではないので注意しましょう。(3)で**10월 13일부터 15일까지**は、**이번 주 금요일부터 일요일까지**(今週金曜日から日曜日まで)と言ってもいいでしょう。

問題 3

(1)**거예요**　(2)**가고 있어요**　(3)**읽으면**　(4)**살고 싶어요**　(5)**하러 가요**

❗ (1) **-(으)ㄹ 거예요**の発音は**[-(으)ㄹ 꺼에요]**ですが、つづりは**거예요**です。(2)「〜している」は**-고 있다**で、その**해요**体。(3)**읽다**(読む)に仮定の語尾**-으면**(P.155)を接続します。(4)**-고 싶어 하다**は第3者の希望を言う「〜したがる」なので、ここは自分の希望を伝える**-고 싶다**を使います。(5)「〜しに」は**-(으)러**です。

問題 4

(1)**언젠가**　(2)**누가**　(3)**얼마든지**　(4)**몇**　(5)**어느**

❗ (1)**어딘가**は「どこか」。(2)**누구**(誰)に〜**가**(〜が)が付くと**누가**。(3)**언제든지**は「いつでも」。(4)**무슨**は「何の」。

巻末付録

活用のまとめ

用言の原形から**다**を除いた部分を語幹と言います。語幹に語尾を付けることで活用させます。語幹の最後の文字を語幹末と言い、語幹末の種類によって付ける語尾が変わることがあるので、種類を見極めることが重要です。

活用の際、ポイントになるのは「どの語幹」に「どのグループの語尾」を付けるかです。

◎語幹の分け方

分け方 1)

・**陽母音語幹**：語幹末の母音が陽母音(ㅏ、ㅑ、ㅗ)

살다 生きる　**오다** 来る

・**陰母音語幹**：語幹末の母音が陰母音(ㅏ、ㅑ、ㅗ以外)

먹다 食べる　**배우다** 習う

分け方 2)

・**子音語幹**：語幹末にパッチムがある

작다 小さい　**있다** ある・いる

・**母音語幹**：語幹末にパッチムがない

가다 行く　**마시다** 飲む

・**ㄹ(리을)語幹**：語幹末がㄹパッチム

만들다 作る　**놀다** 遊ぶ

◎**語尾のグループ(3種類)**

グループ 1) 아 / 어語尾
陽母音語幹なら **-아**から始まる語尾が、陰母音語幹なら **-어**から始まる語尾を付けます。

グループ 2) 으語尾
子音語幹の場合、語幹と語尾の間に**으**が入ります。ただし子音語幹の中でも、**ㄹ**語幹のときだけは**으**が入りません。さらに **-시다**、**-ㅂ니다**、**-네요**のように**ㅅ**、**ㅂ**、**ㄴ**から始まる語尾が付くときは**ㄹ**を取ってから語尾を付けます。

グループ 3) 直接語尾
どの語幹であっても、そのまま付く語尾です。

活用の方法を表にまとめると以下のようになります。

語幹	語尾グループ	
陽母音/陰母音語幹	**아 / 어語尾**	陽母音語幹なら**아**から始まる語尾を 陰母音語幹なら**어**から始まる語尾を
子音/母音/ㄹ語幹	**으語尾**	子音語幹なら**으**を入れる 母音語幹・**ㄹ**語幹なら**으**を入れない ＊さらに**ㄹ**語幹に**ㅅ**、**ㅂ**、**ㄴ**で始まる語尾が付く場合は**ㄹ**パッチムを取る。
どの語幹でも	**直接語尾**	そのまま付けるだけ

◎活用例の一覧

타다(乗る)、**찍다**(撮る)、**놀다**(遊ぶ)に、本書で登場した語尾を付け、語尾のグループごとに分類しました。

・語幹の分け方

陽母音語幹	타다、놀다	**+아/어語尾、直接語尾グループ**
陰母音語幹	찍다	

子音語幹	찍다	**+으語尾、直接語尾グループ**
母音語幹	타다	
ㄹ語幹	놀다	

・語尾のグループで分類

아/어語尾グループ		
해요体 (～です、～ます)	**-아요/어요**	타요、찍어요、놀아요
～してください	**-아/어 주세요**	타 주세요、찍어 주세요、놀아 주세요
～した、～だった	**-았다/었다**	탔다、찍었다、놀았다
～して、～で	**-아서/어서**	타서、찍어서、놀아서

으語尾グループ		
～します(意志·予定)	**-(으) ㄹ 거예요**	탈 거예요、찍을 거예요、놀 거예요
～しに	**-(으)러**	타러、찍으러、놀러
～したら、～なら	**-(으)면**	타면、찍으면、놀면
尊敬表現	**-(으)시다**	타시다、찍으시다、노시다
尊敬過去形	**-(으)셨다**	타셨다、찍으셨다、노셨다

直接語尾グループ		
～して、～くて	**-고**	타고、찍고、놀고
～したい	**-고 싶다**	타고 싶다、찍고 싶다、놀고 싶다
～している	**-고 있다**	타고 있다、찍고 있다、놀고 있다
～したくない	**-기 싫다**	타기 싫다、찍기 싫다、놀기 싫다
～するね、～だね	**-네요**	타네요、찍네요、노네요
～するが、～だが	**-지만**	타지만、찍지만、놀지만
～しない、 ～ではない	**-지 않다**	타지 않다、찍지 않다、놀지 않다
～でしょう？	**-지요(죠)?**	타지요?、찍지요?、놀지요?

指定詞

用言の一つである指定詞は、名詞の後に付いて「〜だ、〜である（肯定）」や「〜ではない（否定）」を意味する品詞で、**이다**（肯定）と**아니다**（否定）の二つです。

◎肯定

名詞 + 이다 〜だ、〜である

名詞の後に付いて「〜だ、〜である」を意味します。名詞の最後にパッチムがない場合、**이**を省略して**다**だけでも大丈夫です。

회사원이다 会社員だ　**남자이다 = 남자다** 男だ

肯定の指定詞**이다**に語尾を付けるときは、名詞の最後にパッチムがあるかないかにフォーカスを当て、パッチムがあれば**이**を入れ、パッチムがなければ**이**を入れないと覚えておきましょう。

語尾	名詞の最後のパッチム		例
	有	無	
해요体	**〜이에요**	**〜예요**	**학생이에요** 学生です **친구예요** 友達です
過去形	**〜이었다**	**〜였다**	**학생이었다**　学生だった **친구였다**　友達だった
尊敬形	**〜이시다**	**〜시다**	**학생이시다**　学生でいらっしゃる **친구시다**　友達でいらっしゃる
尊敬過去形	**〜이셨다**	**〜셨다**	**학생이셨다**　学生でいらっしゃった **친구셨다**　友達でいらっしゃった
〜だが	**〜이지만**	**〜지만**	**학생이지만**　学生だが **친구지만**　友達だが
〜でしょう？	**〜이지요？**	**〜지요？**	**학생이지요?**　学生でしょう？ **친구지요?**　友達でしょう？

～ですね	**～이네요**	**～네요**	**학생이네요** 学生ですね **친구네요** 友達ですね
～だから	**～이어서** **～이라서**	**～여서** **～라서**	**학생이어서(이라서)** 学生だから **친구여서(라서)** 友達だから

◎否定

名詞 + ～이/가 아니다 ～ではない

名詞の後に付いて「～ではない」を意味します。**～이/가 아니다**は第２課の学習ポイント①「**～이/가 아닙니다、아니에요**」、学習ポイント②「**～이/가 아니라**」の原形（辞書形）に当たる表現です。

약이 아니다 薬ではない
강아지가 아니다 犬ではない

아니다の部分に語尾を付けることでさまざまな表現が可能になります。

약이 아니다 + **-었다** ～だった → **약이 아니었다** 薬じゃなかった
강아지가 아니다 → **강아지가 아니었다** 子犬じゃなかった

+ **-네요** ～ですね → **약이 아니네요** 薬じゃないんですね
→ **강아지가 아니네요** 子犬じゃないんですね

+ **-지요?** ～でしょう？ → **약이 아니지요?**
薬ではないでしょう？
→ **강아지가 아니지요?**
子犬ではないでしょう？

巻末付録｜指定詞

対義語と共に覚える基本動詞・形容詞

日常でよく使う、基本的な動詞と形容詞の原形と、その**합니다**体、**해요**体を一覧にしました。

◎動詞

原形	합니다体	해요体
가다 行く	갑니다	가요
사다 買う	삽니다	사요
알다 分かる	압니다	알아요
열다 開ける	엽니다	열어요
살다 生きる	삽니다	살아요
가르치다 教える	가르칩니다	가르쳐요
외우다 覚える	외웁니다	외워요
늘다 増える	늡니다	늘어요
타다 乗る	탑니다	타요
주다 あげる	줍니다	줘요
자다 寝る	잡니다	자요
시작하다 始める	시작합니다	시작해요
출발하다 出発する	출발합니다	출발해요
입다 着る	입습니다	입어요
웃다 笑う	웃습니다	웃어요
앉다 座る	앉습니다	앉아요
들다 持つ	듭니다	들어요
만나다 会う	만납니다	만나요

原形	합니다体	해요体
오다 来る	옵니다	와요
팔다 売る	팝니다	팔아요
모르다 分からない	모릅니다	몰라요*
닫다 閉める	닫습니다	닫아요
죽다 死ぬ	죽습니다	죽어요
배우다 習う	배웁니다	배워요
잊다/잊어버리다 忘れる	잊습니다/ 잊어버립니다	잊어요 / 잊어버려요
줄다 減る	줍니다	줄어요
내리다 降りる	내립니다	내려요
받다 受け取る	받습니다	받아요
일어나다 起きる	일어납니다	일어나요
끝내다 終える	끝냅니다	끝내요
도착하다 到着する	도착합니다	도착해요
벗다 脱ぐ	벗습니다	벗어요
울다 泣く	웁니다	울어요
서다 立つ	섭니다	서요
놓다 置く	놓습니다	놓아요
헤어지다 別れる	헤어집니다	헤어져요

＊変則的に活用するものの一つで、本書ではこの形になるということだけ覚えておきましょう。

◎**形容詞**

原形	합니다体	해요体
좋다 良い	좋습니다	좋아요
기쁘다 うれしい	기쁩니다	기뻐요(으変則、P.130参照)
쉽다 簡単だ	쉽습니다	쉬워요*
깨끗하다 きれいだ	깨끗합니다	깨끗해요
조용하다 静かだ	조용합니다	조용해요
덥다 暑い	덥습니다	더워요*
따뜻하다 暖かい	따뜻합니다	따뜻해요
밝다 明るい	밝습니다	밝아요
가깝다 近い	가깝습니다	가까워요*
뜨겁다 熱い	뜨겁습니다	뜨거워요*
달다 甘い	답니다	달아요
맛있다 おいしい	맛있습니다	맛있어요
재미있다 面白い	재미있습니다	재미있어요
크다 大きい	큽니다	커요 (으変則)
많다 多い	많습니다	많아요
길다 長い	깁니다	길어요
넓다 広い	넓습니다	넓어요
무겁다 重い	무겁습니다	무거워요*

原形	합니다体	해요体
나쁘다 悪い 싫다 嫌だ、好かない	나쁩니다 싫습니다	나빠요 (으変則) 싫어요
슬프다 悲しい	슬픕니다	슬퍼요 (으変則)
어렵다 難しい	어렵습니다	어려워요*
더럽다 汚い	더럽습니다	더러워요*
시끄럽다 うるさい	시끄럽습니다	시끄러워요*
춥다 寒い	춥습니다	추워요*
시원하다 涼しい	시원합니다	시원해요
어둡다 暗い	어둡습니다	어두워요*
멀다 遠い	멉니다	멀어요
차다 冷たい	찹니다	차요
쓰다 苦い	씁니다	써요 (으変則)
맛없다 まずい	맛없습니다	맛없어요
재미없다 つまらない	재미없습니다	재미없어요
작다 小さい	작습니다	작아요
적다 少ない	적습니다	적어요
짧다 短い	짧습니다	짧아요
좁다 狭い	좁습니다	좁아요
가볍다 軽い	가볍습니다	가벼워요*

*変則的に活用するものの一つで、本書ではこの形になるということだけ覚えておきましょう。

単語集

この本の「第３章　本編」に登場した語彙と表現を掲載しました。
語彙・表現は次の子音の順で並んでいます。それぞれの子音の中は、次の母音の順で並んでいます。

ㄱ ㄲ ㄴ ㄷ ㄸ ㄹ ㅁ ㅂ ㅃ ㅅ ㅆ ㅇ ㅈ ㅉ ㅊ ㅋ ㅌ ㅍ ㅎ

＊上記の子音ごとに、下記の母音の順で並んでいる
ㅏ ㅐ ㅑ ㅒ ㅓ ㅔ ㅕ ㅖ ㅗ ㅘ ㅙ ㅚ ㅛ ㅜ ㅝ ㅞ ㅟ ㅠ ㅡ ㅢ ㅣ

単語	実際の発音	漢字・外来語	意味
ㄱ			
가깝다	[가깝따]		近い
가끔			たまに
가다			行く
가르치다			教える
가방			かばん
가볍다	[가볍따]		軽い
가수		〈歌手〉	歌手
가슴			胸
가을			秋
가족		〈家族〉	家族
간호사	[가노사]	〈看護師〉	看護師
감다	[감따]		（目を）閉じる
갔다 오다	[갇따 오다]		行ってくる
강아지			子犬
같이	[가치]		一緒に
개		〈個〉	個
개월		〈個月〉	カ月
거기			そこ
거기서			そこで

거의	[거의/거이]		ほとんど
건너다			渡る
건물		〈建物〉	建物
걸다			掛ける
걸리다			掛かる
겨울			冬
결혼하다	[겨로나다]	〈結婚--〉	結婚する
경찰관		〈警察官〉	警察官
계산하다	[게사나다]	〈計算--〉	計算する、お会計する
계시다	[게시다]		いらっしゃる
고구마			サツマイモ
고등학교	[고등학꾜]	〈高等学校〉	高校、高等学校
고등학생	[고등학쌩]	〈高等学生〉	高校生
고양이			猫
고향		〈故郷〉	故郷
곧			すぐ
공		〈空〉	0
공무원		〈公務員〉	公務員
공부		〈工夫〉	勉強
공부하다		〈工夫--〉	勉強する
공원		〈公園〉	公園
공책		〈空冊〉	ノート
과		〈課〉	課
과일			果物
광관하다	[광과나다]	〈観光--〉	観光する
교과서		〈教科書〉	教科書
교사		〈教師〉	教師
교수		〈教授〉	教授
교시		〈校時〉	限目
교실		〈教室〉	教室
구		〈九〉	9
구월		〈九月〉	9月
군데			カ所
권		〈巻〉	冊

귀			耳
귀엽다	[귀엽따]		かわいい
귤		〈橘〉	ミカン
그			それ
그때			その時
그거			それ（話し言葉）
그건			それは（話し言葉）
그것	[그걷]		それ
그것은	[그거슨]		それは
그것이	[그거시]		それが
그게			それが（話し言葉）
그래요？			そうですか、そうなんですね
그랬어요？	[그래써요]		そうだったんですね、そうなんですか？
그런데			ところで、しかし、さて
그럼			では、それでは
그럼요	[그럼뇨]		もちろんですよ、そうですとも
그렇게	[그러케]		そのように、そうやって、それほど
그릇	[그륻]		杯（食べ物）
그리스		〈Greece〉	ギリシャ
그저께			おととい
근처		〈近処〉	近く、近所
글씨			文字
금요일	[그묘일]	〈金曜日〉	金曜日
기다리다			待つ
기대되다		〈期待 --/企待 --〉	楽しみだ
기쁘다			うれしい
길다			長い
김밥	[김밥/김빱]		キンパ
김치			キムチ
김치찌개			キムチチゲ
~까지			～まで、～までに（時間・順番）
깍두기	[깍뚜기]		カクテキ
깜짝			びっくり
깨끗하다	[깨끄타다]		きれいだ

꼭			必ず、きっと
꽃	[꼳]		花
끊다	[끈타]		やめる、断つ
끝나다	[끈나다]		終わる
끝내다	[끈내다]		終える

ㄴ

나			私、僕（くだけた表現）
나가다			出る、出発する
나라			国
나물			ナムル
나쁘다			悪い
나이			年齢、年
날씨			天気
남동생		〈男 --〉	弟
남자		〈男子〉	男
남자 친구		〈男子 親旧〉	彼氏、ボーイフレンド
남편		〈男便〉	夫、旦那
낮	[낟]		昼
내년		〈来年〉	来年
내다			出す
내리다			降りる
내일		〈来日〉	明日
내후년		〈来後年〉	再来年
냉면		〈冷麺〉	冷麺
냉장고		〈冷蔵庫〉	冷蔵庫
너			あなた、君（くだけた表現）
너무			すごく、とても
넓다	[널따]		広い
네			はい
네덜란드		〈Netherlands〉	オランダ
넷	[넫]		4
년		〈年〉	年
녹차		〈緑 -〉	緑茶
놀다			遊ぶ

놀라다			驚く
놓다	[노타]		置く
누구			誰
누나			(男性から見て)お姉さん
눈[1]			目
눈[2]			雪
눈썹			まゆげ
뉴욕		〈New York〉	ニューヨーク
늘			いつも

ㄷ

다녀오겠습니다	[다녀오겓씀니다]		行ってきます(あいさつ言葉)
다니다			通う
다다음 달	[다다음 딸]		再来月
다다음 주	[다다음 쭈]	〈--- 週〉	再来週
다리			脚
다섯	[다섣]		5
다음 달	[다음 딸]		来月
다음 주	[다음 쭈]	〈-- 週〉	来週
닦다	[닥따]		磨く
닫다	[닫따]		閉める
달다			甘い
달러		〈dollar〉	ドル
닭	[닥]		ニワトリ
닭갈비	[닥깔비]		タッカルビ
당신		〈当身〉	あなた(丁寧な表現)
대학교	[대학꾜]	〈大学校〉	大学
대학생	[대학쌩]	〈大学生〉	大学生
댁		〈宅〉	お宅
더			より、もっと
덥다	[덥따]		暑い
도		〈度〉	度(温度)
도서관		〈図書館〉	図書館
도시락			お弁当
도착하다	[도차카다]	〈到着 --〉	到着する

도쿄		〈Tokyo〉	東京
독일	[도길]	〈独逸〉	ドイツ
돈			お金
돌아가시다	[도라가시다]		お亡くなりになる
동생			年下のきょうだい、弟・妹
돼지갈비			豚のカルビ
되다			なる、できる
둘			2
뒤			後ろ
드시다			召し上がる
듣다	[듣따]		聞く
들다			持つ
등산		〈登山〉	登山
따뜻하다	[따뜨타다]		暖かい
따라 하다			後について言う
따로따로			別々に
딸			娘
딸기			イチゴ
때때로			時々
떡볶이	[떡뽀끼]		トッポッキ
뜨겁다	[뜨겁따]		熱い
ㄹ			
라면			ラーメン
러시아		〈Russia〉	ロシア
ㅁ			
마당			庭
마리			匹、頭、羽
마시다			飲む
마흔			40
만		〈万〉	万
~만			~だけ
만나다			会う
만들다			作る
많다	[만타]		多い

많이	[마니]		たくさん、いっぱい
말			話、言葉
말씀			お言葉
말씀하시다	[말쓰마시다]		おっしゃる
말하다	[마라다]		言う
맛없다	[마덥따]		まずい
맛있다	[마싣따]		おいしい
맛있어요	[마시써요]		おいしいです
맞다	[맏따]		合っている、そうだ
맞아요	[마자요]		合っています、そうです
맞은편	[마즌편]	〈--便〉	向かい側
매워요			辛いです
맥주	[맥쭈]	〈麦酒〉	ビール
맵다	[맵따]		辛い
머리			頭
머리카락			髪の毛
먹다	[먹따]		食べる
멀다			遠い
멋있다	[머싣따]		かっこいい
메뉴		〈menu〉	メニュー
멕시코	[멕씨코]	〈Mexico〉	メキシコ
며느리			嫁
며칠			何日
명		〈名〉	名
몇	[멷]		いくつ、何
모두			みんな、全て
모레			あさって
모르다			分からない、知らない
모으다			集める
모자		〈帽子〉	帽子
목			首
목사	[목싸]	〈牧師〉	牧師
목요일	[모교일]	〈木曜日〉	木曜日
몸			体

무겁다	[무겁따]		重い
무릎	[무릅]		ひざ
무슨			何の
무슨 요일	[무슨 뇨일]	〈-- 曜日〉	何曜日
무엇	[무얻]		何
문		〈門〉	ドア、門
물			水
물론		〈勿論〉	もちろん
뭐			何
뮤지컬		〈musical〉	ミュージカル
미국		〈美国〉	アメリカ
미국 사람	[미국 싸람]	〈美国 --〉	アメリカ人
미역국	[미역꾹]		ワカメスープ
밀다			押す
밑	[믿]		下（一番下の部分や真下）
ㅂ			
바나나		〈banana〉	バナナ
바다			海
바쁘다			忙しい
밖	[박]		外
~밖에	[바께]		～しか
반		〈半〉	半
반갑습니다	[반갑씀니다]		お会いできてうれしいです（あいさつ言葉）
반찬		〈飯饌〉	おかず
받다	[받따]		受ける、もらう、（授業を）受ける
발			足
밝다	[박따]		明るい
밤			夜
밥			ご飯
방		〈房〉	部屋
배[1]			おなか
배[2]			ナシ
배고프다			空腹だ
배우		〈俳優〉	俳優

배우다			習う
백		〈百〉	百
백화점	[배콰점]	〈百貨店〉	デパート
버스		〈bus〉	バス
번[1]		〈番〉	番（漢数詞に付いて）
번[2]		〈番〉	回（固有数詞に付いて）
번역가	[버녁까]	〈翻訳家〉	翻訳家
벌			着
벗다	[벋따]		脱ぐ
베트남		〈Vietnam〉	ベトナム
벨기에		〈Belgie〉	ベルギー
변호사	[벼노사]	〈弁護士〉	弁護士
별로		〈別-〉	あまり、別に、特に
병		〈瓶〉	本（瓶）
병맥주	[병맥쭈]	〈瓶麦酒〉	瓶ビール
병원			病院
보내다			送る
~보다			～より（比較）
보다			見る
보이다			見せる
보통		〈普通〉	普通
볼펜		〈ball pen〉	ボールペン
봄			春
부럽다	[부럽따]		うらやましい
부산		〈釜山〉	釜山
부엌	[부억]		台所
부침개			チヂミ
~부터			～から（時間・順番）
분[1]		〈分〉	分（時間）
분[2]			方（「人」の尊敬表現）
분 전		〈分 前〉	分前（時間）
불고기			プルコギ
붕어빵			たい焼き
브라질		〈Brazil〉	ブラジル

브로드웨이		〈Broadway〉	ブロードウェー
비			雨
비빔밥	[비빔빱]		ビビンバ
비싸다			(値段が) 高い
빌다			願う
빌리다			借りる
빨래			洗濯
빨래하다			洗濯する
빼다			落とす、抜く、外す

ㅅ

사		〈四〉	4
사과		〈沙果/砂果〉	リンゴ
사다			買う
사람			人
사랑하다			愛する
사월		〈四月〉	4月
사위			婿
사인		〈sign〉	サイン
사장님		〈社長-〉	社長
사진		〈写真〉	写真
산		〈山〉	山
살[1]			歳
살[2]			肉
살다			住む、暮らす、生きる
삼		〈三〉	3
삼겹살	[삼겹쌀]	〈三--〉	サムギョプサル
삼계탕	[삼게탕]	〈蔘鶏湯〉	サムゲタン
삼월	[사뭘]	〈三月〉	3月
새벽			深夜～明け方
생맥주	[생맥쭈]	〈生麦酒〉	生ビール
생선		〈生鮮〉	魚
생일		〈生日〉	誕生日
샤워		〈shower〉	シャワー
서다			立つ

서른			30
서울			ソウル
선생님		〈先生 -〉	先生
성함		〈姓銜〉	お名前（尊敬表現）
세수하다		〈洗手 --〉	顔を洗う
센티 (미터)		〈centimeter〉	センチ（メートル）
셋	[센]		3
소방관		〈消防官〉	消防士
소원		〈所願〉	願い
소주		〈焼酎〉	焼酎
소풍		〈逍風 / 消風〉	遠足
손			手
손녀		〈孫女〉	孫（女）
손자		〈孫子〉	孫（男）
쇼핑		〈shopping〉	ショッピング
수박			スイカ
수업		〈授業〉	授業
수요일		〈水曜日〉	水曜日
숙제	[숙쩨]	〈宿題〉	宿題
순두부찌개		〈- 豆腐 --〉	純豆腐チゲ
술			酒
쉬다			休む
쉰			50
슈퍼마켓		〈supermarket〉	スーパーマーケット
스님			お坊さん
스물			20
스케줄		〈schedule〉	スケジュール
스포츠 선수		〈sports 選手〉	スポーツ選手
슬프다			悲しい
시			時（時間）
시간		〈時間〉	時間
시계	[시게]	〈時計〉	時計
시골			田舎
시끄럽다	[시끄럽따]		うるさい

시내		〈市内〉	市内
시원하다	[시워나다]		涼しい
시월		〈十月〉	10月
시키다			頼む、注文する
시험		〈試験〉	試験
식당	[식땅]	〈食堂〉	食堂
식사	[식싸]	〈食事〉	食事
싫다	[실타]		嫌だ、好かない
싫어하다	[시러하다]		嫌う
십		〈十〉	10
십이월	[시비월]	〈十二月〉	12月
십일월	[시비뤌]	〈十一月〉	11月
싸다[1]			安い
싸다[2]			包む、(弁当を)作る
쓰다[1]			使う、身に着ける
쓰다[2]			書く
쓰다[3]			苦い
씨		〈氏〉	さん、氏
ㅇ			
아			ああ(相づちの表現)
아기			赤ちゃん
아나운서		〈announcer〉	アナウンサー
아내			妻
아뇨			いいえ
아니에요			いえいえ(謙遜)
아니요			いいえ
아들			息子
아래			下(方向や空間)
아르바이트		〈Arbeit〉	アルバイト
아르헨티나		〈Argentina〉	アルゼンチン
아버지			お父さん
아이			子ども、子
아주			とても、非常に
아직			まだ

아침			朝、朝ご飯
아프다			痛い
아홉			9
아흔			90
안			中
안경		〈眼鏡〉	眼鏡
안내하다		〈案内--〉	案内する
안녕하세요？		〈安寧---〉	こんにちは
안에	[아네]		以内に（時間）
앉다	[안따]		座る
알다			分かる、知る
앞	[압]		前
야채		〈野菜〉	野菜
약		〈薬〉	薬
약속	[약쏙]	〈約束〉	約束
양치질하다	[양치지라다]		歯磨きする
어깨			肩
어느			どの
어둡다	[어둡따]		暗い
어디			どこ
어디서			どこで
어때요？			どうですか？、いかがですか？
어땠어요？	[어때써요]		いかがでしたか？、どうでしたか？
어떤			どんな
어떻게	[어떠케]		どのように、どうやって
어렵다	[어렵따]		難しい
어서 오세요			いらっしゃいませ
어제			昨日
억		〈億〉	億
언니			（女性から見て）お姉さん
언제			いつ
언제나			いつも
언젠가			いつか
얼굴			顔

얼마			いくら、どのくらい
얼마나			どのくらい
없다	[업따]		いない、ない
엉덩이			お尻
~에는			~には
~에도			~にも
~에서도			~でも
여기			ここ
여기서			ここで
여덟	[여덜]		8
여동생		〈女 --〉	妹
여든			80
여름			夏
여보세요			もしもし
여섯	[여섣]		6
여자		〈女子〉	女
여자 친구		〈女子 親旧〉	彼女、ガールフレンド
여행		〈旅行〉	旅行
역		〈駅〉	駅
역무원	[영무원]	〈駅務員〉	駅員
연극		〈演劇〉	演劇
연세		〈年歳〉	お年（尊敬表現）
열			10
열다			開ける
열리다			開く
열심히	[열씨미]	〈熱心 -〉	一生懸命
영		〈零〉	0
영국		〈英国〉	イギリス
영어		〈英語〉	英語
영화		〈映画〉	映画
옆	[엽]		横
예			はい
예쁘다			かわいい、きれいだ
예순			60

오		〈五〉	5
오늘			今日
오다			来る
오른쪽			右
오빠			（女性から見て）お兄さん
오월		〈五月〉	5月
오전		〈午前〉	午前
오후		〈午後〉	午後
올라가다			登る、登っていく
올리다			上げる、(SNSなどウェブ上に写真を)アップする
올해	[오래]		今年
옷	[옫]		服
왜			なぜ
왜요？			なぜですか？、どうしてですか？
외국어	[외구거]	〈外国語〉	外国語
외국인	[외구긴]	〈外国人〉	外国人
외우다			覚える
왼쪽			左
요리		〈料理〉	料理
요리사		〈料理師〉	料理人
요즘			最近
우리			私たち
우산		〈雨傘〉	傘
운동하다		〈運動 --〉	運動する
운전사		〈運転士〉	運転手
울다			泣く
웃다	[욷따]		笑う
원			ウォン
월		〈月〉	月
월요일	[워료일]	〈月曜日〉	月曜日
위			上
유명하다		〈有名 --〉	有名だ
유월		〈六月〉	6月
유치원생		〈幼稚園生〉	幼稚園児

유튜버		〈youtuber〉	ユーチューバー
유학		〈留学〉	留学
유학생	[유학쌩]	〈留学生〉	留学生
육		〈六〉	6
은행	[으냉]	〈銀行〉	銀行
은행원	[으냉원]	〈銀行員〉	銀行員
음식		〈飲食〉	料理、食べ物
~의	[에]		~の
의사		〈医師〉	医者
의자		〈椅子〉	椅子
이 1		〈二〉	2
이 2			この
이 3			歯
이거			これ（話し言葉）
이건			これは（話し言葉）
이것	[이걷]		これ
이것은	[이거슨]		これは
이것이	[이거시]		これが
이게			これが（話し言葉）
이기다			勝つ
이따금			たまに
이렇게	[이러케]		このように、こうやって、こんなに
이름			名前
이마			おでこ
이번 달	[이번 딸]		今月
이번 주	[이번 쭈]	〈-- 週〉	今週
이사하다		〈移徙 --〉	引っ越す
이상하다		〈異常 --〉	変だ、おかしい
이야기			話
이월		〈二月〉	2月
이집트		〈Egypt〉	エジプト
인기	[인끼]	〈人気〉	人気
인분		〈人分〉	人前
일 1			仕事

일 2		〈一〉	1
일 3		〈日〉	日
일곱			7
일본 사람	[일본 싸람]	〈日本 --〉	日本人
일본어 (일어)	[일보너(이러)]	〈日本語(日語)〉	日本語
일어나다	[이러나다]		起きる
일요일	[이료일]	〈日曜日〉	日曜日
일월	[이뤌]	〈一月〉	1月
일주일	[일쭈일]	〈一週日〉	1週間
일찍			早く
일하다	[이라다]		働く
일흔	[이른]		70
읽다	[익따]		読む
입			口
입다	[입따]		着る
있다	[읻따]		ある、いる
잊다	[읻따]		忘れる
잊어버리다	[이저버리다]		忘れる、忘れてしまう
ㅈ			
자다			寝る
자유의 여신상	[자유에 여신상]	〈自由- 女神像〉	自由の女神
자주			しょっちゅう
작가	[작까]	〈作家〉	作家
작년	[장년]	〈昨年〉	去年
작다	[작따]		小さい
잔		〈盞〉	杯（飲み物）
잘			よく、とても
잘 보내다			よく過ごす、楽しく過ごす
잘하다	[자라다]		上手だ
잡지	[잡찌]	〈雑誌〉	雑誌
잡채		〈雑菜〉	チャプチェ
장을 보다		〈場 - --〉	買い物をする
재미없다	[재미업따]		面白くない、つまらない
재미있다	[재미읻따]		面白い

재일 교포		〈在日 僑胞〉	在日韓国人
재작년	[재장년]	〈再昨年〉	おととし
저[1]			私
저[2]			あの
저거			あれ（話し言葉）
저건			あれは（話し言葉）
저것	[저걷]		あれ
저것은	[저거슨]		あれは
저것이	[저거시]		あれが
저게			あれが（話し言葉）
저기			あそこ
저기서			あそこで
저녁			夜、夜ご飯
저렇게	[저러케]		あのように、ああやって、あれほど
저희	[저히]		**우리**（私たち）の謙譲表現
적다	[적따]		少ない
전		〈煎〉	チヂミ
전주		〈全州〉	全州（韓国の地名）
전철		〈電鉄〉	電車
전혀	[저녀]	〈全-〉	全然、全く
전화	[저놔]	〈電話〉	電話
전화번호	[저놔버노]	〈電話番号〉	電話番号
점심		〈点心〉	昼、昼ご飯
정각		〈正刻〉	（～時）ちょうど
정도		〈程度〉	程度、くらい
정말		〈正-〉	本当に
제			私の
조		〈兆〉	兆
조금			少し
조용하다			静かだ
졸리다			眠くなる、うとうとする
졸업하다	[조러파다]	〈卒業--〉	卒業する
좀			ちょっと、少し
좁다	[좁따]		狭い

종이			紙
좋다	[조타]		良い
좋아하다	[조아하다]		好む、好きだ
주말		〈週末〉	週末
주무시다			お休みになる
주부		〈主婦〉	主婦
주소		〈住所〉	住所
주중		〈週中〉	平日
죽다	[죽따]		死ぬ
줄다			減る
중국		〈中国〉	中国
중학생	[중학쌩]	〈中学生〉	中学生
지각하다	[지가카다]	〈遅刻 --〉	遅刻する
지금		〈只今〉	今
지난달			先月
지난주		〈-- 週〉	先週
지도		〈地図〉	地図
지우다			消す
지지난달			先々月
지지난주		〈--- 週〉	先々週
직장인	[직짱인]	〈職場人〉	会社員、社会人
직접	[직쩝]	〈直接〉	直接、じかに
집			家
ㅉ			
쯤			頃
찍다	[찍따]		撮る
ㅊ			
차 1			お茶
차 2		〈車〉	車
차다			冷たい
참다	[참따]		我慢する
창문		〈窓門〉	窓
찾다	[찯따]		探す、（ATM でお金を）下ろす
책		〈冊〉	本

책상	[책쌍]	〈冊床〉	机
처음			初めて、最初
천		〈千〉	千
청소		〈清掃〉	掃除
초등학생	[초등학쌩]	〈初等学生〉	小学生
축하하다	[추카하다]	〈祝賀 --〉	祝う
출근하다	[출그나다]	〈出勤 --〉	出勤する
출발하다	[출바라다]	〈出発 --〉	出発する
출장	[출짱]	〈出張〉	出張
춥다	[춥따]		寒い
취미		〈趣味〉	趣味
취직하다	[취지카다]	〈就職 --〉	就職する
층		〈層〉	階
치우다			下げる、片付ける
친구		〈親旧〉	友達
친하다	[치나다]	〈親 --〉	親しい
칠		〈七〉	7
칠월	[치뤌]	〈七月〉	7月
ㅋ			
카레		〈kare〉	カレー
카페		〈café〉	カフェ
캐나다		〈Canada〉	カナダ
커피		〈coffee〉	コーヒー
컴퓨터		〈computer〉	コンピューター
케이크		〈cake〉	ケーキ
코			鼻
콩나물국밥	[콩나물국빱]		豆もやしのクッパ
크다			大きい
키			背、身長
킬로 (그램)		〈kilogram〉	キロ（グラム）
ㅌ			
타다			乗る
태국		〈泰国〉	タイ
태권도	[태꿘도]	〈跆拳道〉	テコンドー

토마토		〈tomato〉	トマト
토요일		〈土曜日〉	土曜日
퇴근하다	[퇴그나다]	〈退勤 --〉	退勤する
튀르키예			トルコ
특히	[트키]	〈特 -〉	特に
ㅍ			
파일럿	[파일럳]	〈pilot〉	パイロット
팔[1]			腕
팔[2]		〈八〉	8
팔다			売る、売っている
팔월	[파뤌]	〈八月〉	8月
팬미팅 (팬미)		〈fan meeting〉	ファンミーティング
편의점	[펴니점]	〈便宜店〉	コンビニエンスストア
편지		〈便紙 / 片紙〉	手紙
평일		〈平日〉	平日
포도		〈葡萄〉	ブドウ
포장 되다		〈包装 --〉	テイクアウトできる、包める
포장하다		〈包装 --〉	テイクアウトする、包装する
프랑스		〈France〉	フランス
피곤하다	[피고나다]	〈疲困 --〉	疲れている
피아노		〈piano〉	ピアノ
필리핀		〈Philippines〉	フィリピン
ㅎ			
하나			一つ、1
하늘			空
하다			する
하지만			だけど、ですが、しかし
학교	[학꾜]	〈学校〉	学校
학년	[항년]	〈学年〉	年
학생	[학쌩]	〈学生〉	学生
학생 식당	[학쌩 식땅]	〈学生 食堂〉	学生食堂、学食
한국 사람	[한국 싸람]	〈韓国 --〉	韓国人
한국어	[한구거]	〈韓国語〉	韓国語
한글			ハングル

한옥 마을	[하농 마을]	〈韓屋 --〉	韓屋村(韓国の伝統的な家屋が立ち並ぶ場所)
할머니			おばあさん
할아버지	[하라버지]		おじいさん
함께			一緒に
합격하다	[합껴카다]	〈合格 --〉	合格する
항상		〈恒常〉	いつも
행복하다	[행보카다]	〈幸福 --〉	幸せだ
허리			腰
헤어지다			別れる
현		〈県〉	県
형		〈兄〉	(男性から見て) お兄さん
형제		〈兄弟〉	兄弟
호주		〈濠洲〉	オーストラリア
혹시	[혹씨]	〈或是〉	もしかして、もし
혼자서			一人で
화요일		〈火曜日〉	火曜日
화장실		〈化粧室〉	トイレ
회사		〈会社〉	会社
회사원		〈会社員〉	会社員
회식		〈会食〉	会食、飲み会
회의	[회이]	〈会議〉	会議
후지산		〈Fuji 山〉	富士山
훨씬			はるかに
힘들다			つらい、大変だ

著者プロフィル(五十音順)

稲川右樹(いながわゆうき)

帝塚山学院大学准教授

専門は韓国語教育。2001〜2018年まで韓国・ソウル在住。ソウル大学韓国語教育科博士課程単位満了中退(韓国語教育専攻)。ソウル大学言語教育院、弘益大学などで日本語教育に従事。著書に『ネイティブっぽい韓国語の表現200』『ネイティブっぽい韓国語の発音』(共にHANA刊)、訳書に『僕はなぜ一生外国語を学ぶのか』(ロバート・ファウザー著、クオン刊)。

金玄謹(キム・ヒョングン)

ミリネ韓国語教室代表

大学でコンピューターを学ぶ学科を専攻し、卒業後プログラマーとして働く。2000年に来日し、アニメーターとして働き、日本専門インターネットニュースサイト(http://jpnews.kr)で編集部チーム長兼記者を経て、2010年に株式会社カオンヌリを設立し、ミリネ韓国語教室を開く。著書に『韓国語リーディング タングニの日本生活記』『韓国語リーディング タングニの韓国人生劇場』(共に白水社刊)、『クイズで学ぶ韓国語』(あさ出版刊)、ミリネ韓国語教室の著書に『hanaの韓国語単語』シリーズ(HANA刊)。韓国でも著書多数。

池成林(チ・ソンリン)

拓殖大学非常勤講師

2000年に来日。文部科学省国費留学生として上智大学大学院で音声学を専攻。専門は韓国語発音教育。上智大学短期大学部英語学科非常勤講師で英語音声学、基礎英語を担当、現在は拓殖大学商学部、目白大学韓国語学科、江戸川大学などで韓国語を担当。2015年から故郷・慶尚北道栄州広報大使としても活躍。著書に『韓国語リスニングトレーニング』(HANA刊)

田聖実(チョン・ソンシル)

韓国語教材専門書店ハングルの森代表

ソウル東国大学日語日文学科を首席卒業。駒澤大学国文学科で日本近代文学を専攻。2003年初来日後、文学めぐりを目的に沖縄を除き、日本全国46都道府県を1人旅する。東京での4年間の生活を終え、名古屋に身を置いてから13年目。現在は「韓国語教材専門書店ハングルの森(通販本店／楽天店／Yahoo!店／名古屋実店舗)」「韓国語会話教室マルマダン」の代表を務める。

123！韓国語 入門〜初級

2024年 2月 1日 初版発行

著 者 稲川右樹、金玄謹、池成林、田聖実
編 集 松島彩
デザイン・DTP 洪永愛（Studio H2）
印刷・製本 中央精版印刷株式会社

発行人 裵正烈

発 行 株式会社HANA
〒102-0072 東京都千代田区飯田橋4-9-1
TEL:03-6909-9380 FAX:03-6909-9388

発行・発売 株式会社インプレス
〒101-0051 東京都千代田区神田神保町一丁目105 番地

ISBN 978-4-295-40924-3 C0087 ©HANA 2024 Printed in Japan

●本の内容に関するお問い合わせ先
HANA書籍編集部 TEL：03-6909-9380 FAX：03-6909-9388
E-mail：info@hanapress.com

● 乱丁本・落丁本の取り換えに関するお問い合わせ先
インプレス カスタマーセンター FAX：03-6837-5023
E-mail：service@impress.co.jp
※古書店で購入されたものについてはお取り換えできません